中公新書 2389

高木久史著

通貨の日本史

無文銀銭、富本銭から電子マネーまで

中央公論新社刊

まえがき

比較的最近のエピソードから始めたい。一九六〇年代前半の日本で、一円硬貨が不足したため、銀行は一円硬貨への両替に対応することが難しくなった。結果、小売業者はおつりに必要な数の一円硬貨を調達できなくなった。

対策として、あるスーパーマーケットは、客が一円硬貨のみで支払う場合に特別割引価格を設定した。例えば価格一〇〇円の歯磨きを一円硬貨なら五〇枚で売った。また、ある菓子メーカーは、「おつりガム」と包装紙に書いた一枚一円のガムを駅売店向けに売り、好評を得た。ある商店に至っては、ボール紙に店名と簡単な模様を描いた「一円硬貨」をつくっておつりの支払いに使い、受け取った客が次回の買い物で一円として使えるようにした。これは通貨偽造の疑いがあったが、当局は一種の商品券と見なし、おとがめなしとした。

高度経済成長の時代、マクロ的に見れば一人あたりの国民所得は増えていったのだから、一円硬貨の不足など些末《さまつ》な話ではないか……といってしまうのは傲慢《ごうまん》である。一円硬貨が円滑に流通していたならば、かの商店主は通貨偽造罪に問われるリスクを負ってボール紙一円硬貨をつくる必要はなく、その時間とエネルギーを営業活動に使って売り上げをさらに増やせたかもしれない。商店主の悔しさや苦労、察して余りある。

ちなみに一円硬貨の流通高は一九五五年から一九六三年の間に三億三〇〇〇万円から四〇億円余りと、一二倍以上に増えた。同じ期間の日本銀行券の発行高が約三倍に増えたことと比べると、増加率の大きさがわかる。当時、政府は、一円硬貨の流通高は人々の需要を満たしているはずなのだが……、と語っていた。にもかかわらず、売買の現場では不足した。

これらのエピソードが示すことは何か。①同じ円単位の通貨でも、種類によっては、好況だからといって、また供給の量が理論上十分あるからといって、円滑に流通しているとは限らない。②とはいえ、それならそれで人々は不足している通貨の価値を変えて対応した。割引価格を設定したスーパーの場合、一円硬貨に二円分の購買力を与えている。③場合によっては、「おつりガム」や「ボール紙一円硬貨」など、事実上の独自の通貨をつくりだした。

①②③のような現象は、実は日本史上しばしば起きている。とくに③だが、民間でできた通貨システムを政府が採用することすらあった。詳しくは本論で述べるが、例えば平安時代末期から室町時代にかけて、大陸から輸入した銭《ぜに》が、政府の統制に関係なくなし崩しに広く使われるようになったケースがそうである。また江戸時代の三貨制度、すなわち銭と金貨と

銀貨を併用するしくみもそうである。江戸幕府が大々的に発行した寛永通宝《かんえいつうほう》は、一四〜一六世紀に民間が中国の銭を模造したもののなれの果てだった。金貨・銀貨の使用も、戦国から織田信長《おだのぶなが》・豊臣秀吉《とよとみのひでよし》の時代の社会慣行を幕府が追認したものである。なぜこのようなことが起きたのか。

経済史の教科書では通貨に関して、政府や金融や国際関係に関することが主に語られ、先のエピソードのような、庶民の日常取引の現場のことはあまり語られない。とはいえ本文で述べるように、歴史上は、社会の圧倒的多数を占める庶民の通貨への需要こそが、通貨のありようを左右してきた。その経緯を知れば、通貨についてまた違ったイメージが得られるのではないか。現在残っている記録が政府側のものが主であるため、政策の話がどうしても多くなるが、各時代の通貨政策が庶民にどういう影響を与えたか、という点に重きを置いて語ることにする。以上の問題意識によりつつ、日本の通貨の歴史を見てみよう。

目次

まえがき　i

第1章　銭の登場〈古代〜中世〉……………………3

1　都の建設のために　3

通貨とは何か　金・銀・銅の特性　初の金属通貨、無文銀銭　最古の国産銅貨、富本銭　和同開珎の目論見　和同開珎は債務証書？　奈良時代の皇朝銭　平安京建設と銭不足　都市民の生活のため　銭の発行停止　米や布の再浮上　中世の兆し──輸入銭と切符系文書　金と銀

2　外国銭の奔流、国産銭の復活　28

南宋からの波　積極的な清盛　朝廷と鎌倉幕府の銭使用禁止　金からの波　元からの波　民間の模造銭と後醍醐天皇の計画　僧侶の夢日記　銭の密貿易　輸入量の実情　一枚一文、九七枚一〇〇文　撰銭と

階層化　撰銭令の再登場　紙幣の端緒、割符　祠堂銭預状　中世の北海道と沖縄

第2章　三貨制度の形成〈戦国〜江戸前期〉……………………61

1　シルバーラッシュの中の信長・秀吉　61

模造銭生産の拡大　無文銭と銭の輸出　大判・小判のプロトタイプ　石見銀山の世界史的意義　国内での銀貨使用　近世的政策の始まり　信長、最初の通貨政策　減価銭が基準銭に、基準銭が計算貨幣にビタの基準銭化　秀吉の継承と転換　金・銀統制と朝鮮出兵　家康の金貨

2　江戸開幕、通貨の「天下統一」　89

慶長金銀　領国貨幣　金・銀・ビタの比価を法定　ビタの後継者、寛永通宝　家綱政権の管理強化　金貨・銀貨の輸出　銭の輸出　日本初の紙幣、山田羽書　藩札の登場　綱吉期の金貨・銀貨改定　荻原銭と紙幣禁止

第3章　江戸の財政再建と通貨政策〈江戸中期〜後期〉……125
1　改革政治家たちの悪戦苦闘　125
家宣期の規格改定　新井白石のデフレ政策　吉宗の政策継承　増量路線へ転換　寛永通宝鉄銭　田沼政権、定量銀貨の挫折　明和二朱銀の意義　寛永通宝四文黄銅銭の普及　生き残った藩札と私札　銭匁札　松平定信と長谷川平蔵
2　開港前夜の経済成長と小額通貨　150
水野忠成の積極財政　発行益依存の強まり　通貨の天保改革　藩札・私札の全盛　近世の北海道と沖縄
第4章　円の時代へ〈幕末維新〜現代〉……165
1　通貨近代化の試行錯誤　165
日米修好通商条約と通貨交渉　金貨流出のメカニズム　したたかな通貨外交　万延金と経済混乱　銭不足対策　新政府を悩ませた悪贋貨　太政官金札・民部省

金札　為替会社紙幣　円・十進法・金本位制　新貨条例　幕府通貨の退場　藩札処分　「紙幣専用ノ時世」　国立銀行開業　紙幣安問題　日本銀行と兌換銀行券　金本位制再び　幕末維新期の北海道と沖縄

2　帝国の通貨と戦後　211

円系通貨の帝国主義的拡大　南樺太・南洋群島　関東州・満鉄付属地　第一次世界大戦と関東大震災　金輸出禁止、解禁、再禁止　通貨素材の迷走　占領地通貨　戦後のインフレ　高度成長による高額化　「通貨の戦後」の終わり　戦後の沖縄

おわりに――これからの通貨　239

主要参考文献　244

本書に登場する主な通貨　253

図版出典一覧　258

凡例

（1）暦年につき、本書では西暦のみ示す。ただし、太陽暦を採用した一八七三年（明治六年）まで、西暦と和暦には一ヵ月程度のずれが生じている（和暦の方が遅い）。なお行論上必要に応じて日本年号を併記する場合がある。

（2）本書で登場する通貨・重量の主な単位は次の通りである。

（銭）一貫文《かんもん》＝一〇〇〇文　一疋《ひき》＝一〇文

（金）* 一両《りょう》＝四分《ぶ》＝一六朱《しゅ》＝四・四匁《もんめ》＝一六・五グラム　＊一六世紀以降

（銀）一匁＝一〇分《ふん》＊＝三・七五グラム　一貫＝一〇〇〇匁　一両＝四・三匁　＊厳密には、促音《そくおん》（っ）・撥音《はつおん》（ん）に続くときは「ぷん」となる

（金・銀）一枚《まい》＝一〇両

なお一匁＝三・七五グラムという定義は一八九一年に公布された度量衡法による。これは前近代の実態と必ずしも一致しないが、本書では便宜上、現在の定義による。

（3）通貨の写真はおおむね原寸大になるように掲載した。紙面の都合で原寸から大幅に縮小したものは、キャプションに（縮小）と付した。

（4）旧字体の記録につき、本書では新字体で統一して表記する。

通貨の日本史

無文銀銭、富本銭から電子マネーまで

第1章　銭の登場〈古代～中世〉

1　都の建設のために

通貨とは何か

本論に入る前に、まず通貨とは何か、またその類義語である貨幣とは何か、ということを確認しておく。話の都合上、先に貨幣の定義を確認する。定義はいろいろあるが、次の三つの機能を持つもの、またはその機能そのものを貨幣とする説が一般的である。

①交換手段。商品を手に入れるため、対価として渡す。

②価値尺度。価値を表示したり計算する。

③価値蓄蔵手段。未来に商品と交換することを前提に、当面はためておく。

近現代の貨幣はこれらすべての機能を兼ね備えているといわれている。これらに加え、④支払手段、すなわち債務決済や、贈与や納税など社会的義務に基づく支払いに使うものを含む場合もある。

次に、通貨とは何か。辞書では、広義には貨幣と同じ意味とされ、狭義には①の交換手段の機能に重点が置かれる場合が多い。法制度を見ても、例えば日本の通貨に関する現行法である「通貨の単位及び貨幣の発行等に関する法律」(新貨幣法。一九八七年公布)では通貨を、「貨幣」と日本銀行券、と定義する。そして「貨幣」を、政府が製造・発行する、額面が五〇〇円・一〇〇円・五〇円・一〇円・五円・一円のもの、と定義している。要は硬貨である。一方、日銀券であるが、我々は日銀券を指してしばしば「紙幣」と呼ぶものの、実は法律的には紙幣ではない。紙幣とは、法律的には、政府が発行する紙製の通貨(政府紙幣)を指すため、日銀が発行する日銀券は紙幣にあてはまらない。第4章で触れるが、現在の日本は政府紙幣の発行と通用を停止している。しかし法の定義にこだわりすぎるのは本書の趣旨ではないので、慣用に従い、紙製の通貨一般を紙幣と呼ぶ。いずれにせよ通貨とは、法律では、硬貨や紙幣といった、売買などのときに実際に交換手段として使われる現物を指すようだ。

本書は①の交換手段の機能を重視して論じるため、通貨の語を用いたい。ただしその定義を先の法よりもう少し広くとる。すなわち、法により強制通用力が与えられているもの(法貨）に限らず、不特定の人々の間で交換手段として流通したものを指す。

金・銀・銅の特性

話が戻るが、先の③の価値蓄蔵手段は①の機能の延長でもある。つまり、未来の交換で使うことを前提に、通貨の形で価値を蓄蔵する。とはいえ通貨であればなんでも価値蓄蔵に使われるわけではない。小額通貨と高額通貨とであれば、たいていの人は後者を選ぶだろう。小額通貨だけで資産を蓄蔵しようとすれば、かさが高くなり、管理が面倒だからだ。

このことは、古今東西、金・銀・銅などの金属が通貨の素材になぜ選ばれてきたのか、という問いに対してヒントを与えてくれる。選ばれた理由はたぶん以下の諸点である。①耐久性。金・銀・銅は周期表で同じ一族元素に属する。これらはすべて腐食に強い。美しい光沢を持つ金属はほかにもあるが、とくに金は錆《さ》びにくいため、いつまでも美しく光る。また紙や米などと異なり燃えない。そのため蓄蔵に適する。②加工性。数ある金属のうち金・銀・銅の順に延性が高く、打刻や打延が容易である。また前近代の技術でも製錬が容易である。③実用性がない。金・銀は柔らかいので、農耕具や武器に使えない。銅はともかくとして、金・銀は通貨以外には装飾品ぐらいにしか使えない。実用性があると、通貨以外の用途への需要が増えたとき、通貨としても通貨以外としても供給が不足しかねないので不都合である。④ほどほどに希少。希少だから価値が高まるということもあるが、希少すぎると人々に行き渡らない。

金・銀・銅にはこれらの性質、とくに①があったので、どうせなら蓄蔵に便利であるこれらを交換手段に使おうということになり、ひいては皆が欲しがるようになった。皆が欲しがるということは、他のものと交換できるチャンスが多い。結果、これらに高い価値があると思い込むようになり、通貨に使われることが促された。

他のものと交換できるものを通貨に使うとして、耐久性や光沢を重視しないのであれば、素材は金・銀・銅でなくともよい。言い換えれば、その通貨で他のものと交換できるかどうかということこそが重要であり、素材の価値や性質は必ずしも重要でない。例えば我々は素材に一万円の価値がなく、画像や字だらけでメモ用紙にも使えない、燃えかねない紙切れを、一万円札として使う。他人もこの紙切れを欲しがるだろうと自分が予想しているからであり、また実用性のなさや燃えやすさよりもコンパクトさを優先した結果である。極端な話、明確な理由はなくとも、また自分が必ずしも欲しくなくとも、他人が欲しがるだろうという予想が成り立てば、我々はその通貨を受け取り、使う。通貨とは予想と思い込みの産物である。

さて本書では、「まえがき」で述べたように、日常取引の現場でどのような通貨が使われてきたか、ということに焦点をあてる。そこで留意すべきは、すべての通貨が同じように使われるわけではない、ということである。例えば買う商品の価格によって使う通貨は異なる。法律上は一万円札で一〇〇円のおにぎりを買えなくはないが、おつりが大量に必要になるので、一〇〇円硬貨で買う方がレジの人に喜んでもらえるだろう。一方、一円硬貨だけで高級外車を買うことはない。一回の取引で同種の硬貨が二一枚以上あるときは受け取りを拒否できると法が定めていることもさることながら、何千万枚もの一円硬貨を調達し運ぶことが難しいからだ。

この例を含め、場合によって通貨が使い分けられるということは、貨幣・通貨の諸機能をすべて完全に持つものは恐らく存在しない、ということを意味する。そのモノが通貨か通貨でないか、という二分法的な把握よりも、そのモノが通貨としての機能をより広く持つかどうか、という相対的な把握の方が歴史を理解するには適切である。

初の金属通貨、無文銀銭

それでは歴史の話に入ろう。本章では古代・中世にあたる時期の話をするが、先に結論をいうと、国産銭の登場と退場、輸入銭の流入、国産銭の再登場、ということに集約される。

日本で流通した通貨の実態がわかるのは、七世紀後半からである。大化《たいか》の改新を経て、天《てん》智《じ》天皇らが中国をまねて律令《りつりょう》（基本法。刑法と行政法）に基づく体制をつくろうとした時期にあたる。まず、各地で社会慣行として、布（主に麻）・米・塩などが通貨に使われていた。なお八世紀以降も、これらの品目は庸《よう》（税の一つ）の支払手段として使われることになる。社会慣行で使われていた通貨を納税の支払手段として政府が追認するという、日本史上しばしば起こる現象の走りがここにある。

　また七世紀後半には、我々になじみのある金属通貨が使われ始

無文銀銭

める。日本初の金属通貨というと七〇八年発行の和同開珎《わどうかいちん》、というイメージがかつてはあった。しかし近年、それより早く金属通貨が存在したことが確認された。それが無文銀銭《むもんぎんせん》という銀貨である。銀板を打ち延べる方法でつくられる。円形で、中心に孔《あな》がある。この形態で通貨として使われた金属の塊が、銭と呼ばれた。無文銀銭だが、〇や×などの刻印が入ったものもあるので、必ずしも「無文」とは限らないが、無文のものが多いため、慣習的にそう呼ばれる。遅くとも六六〇年代ごろ、天智天皇の治世には存在した。天智天皇が大津京を置いた近江《おうみ》（滋賀県）や、飛鳥《あすか》・平城京を含む畿内（奈良県・大阪府・京都府あたり）で主に流通した。

　質量は一〇・五グラム前後であり、古代の単位で約一分にあたる（凡例に記した単位の定義と古代のそれとは異なる）。無文銀銭はものによっては銀片を貼《は》り付けるなどして質量を調

えており、規格化されている。そもそもは質量を量って用いる貨幣（秤量《しょうりょう》貨幣）なのだが、質量を規格化することで、個数を数えて用いる貨幣（計数貨幣）の性格も持っていた。計数貨幣というと近代的なイメージがあるかもしれない。しかし秤《はかり》が普及していなければ、秤量貨幣は扱いにくい。つまり計数貨幣となるよう質量を規格化したのは、この時代にはむしろ合理的だったともいえる。

畿内近郊では銀は産出されない。だから、当地の人が身近にある銀で無文銀銭をつくるようになった、とは考えにくい。無文銀銭は貿易通貨として、朝鮮半島の新羅《しらぎ》から輸入された、との説が有力である。銀銭を使う文化を持つタイまたは中央アジアからの渡来人が日本の宮廷に仕え、彼らのものを参考に発行した、という魅力的な説もある。

いずれにせよ、銀は単位質量あたりの価値が大きい。現代風にいえば、無文銀銭は額面が大きい。庶民が日常の取引で使う通貨では恐らくなかっただろう。庶民の日常取引には、従来と同じく布や米などが使われ続けたと考えられる。

最古の国産銅貨、富本銭

天智天皇の没後、六七二年、皇位継承をめぐり、古代最大級の内戦である壬申《じんしん》の乱が起き、天智の弟が勝利して皇位につく。天武《てんむ》天皇である。天武天皇は六八三年、銀の地金《じがね》（未加工の銀塊）の使用は認めるが「銀銭」の使用は禁じ、「銅銭」を使うよう命じた。銭に関して信頼できる日本史上最初の記録である。銀銭とは無文銀銭、銅銭とは次に述べる富本銭《ふほんせん》を指す。

富本銭

富本銭は現在確認できる最古の国産の銅貨である（厳密には銅・アンチモン合金）。七世紀に王宮があった飛鳥で製造されていた。富本銭以後の古代・中世日本の金属通貨は、金属の塊に図像を打刻する西洋のものと異なり、原則として、溶かした金属を型に流す方法でつくられる。これを鋳造という。

富本銭は円形で方孔《ほうこう》（四角い孔）を持ち、表面に「富本」の二字がある。直径・質量・形態の規格は唐《とう》が六二一年に発行した開元通宝《かいげんつうほう》をモデルにしている。これから本書では多くの種類の銭が登場する。どれもだいたいが直径二・五センチ前後、質量三〜四グラム前後である。現行の五円硬貨（直径二・二センチ、質量三・七五グラム）を思い浮かべてもらえば、およそのイメージをつかむことができる。

円形方孔の形態は、円形が天を表し方形が地を表す、という中国の世界観を反映している。富本銭はまじないなど呪術《じゅじゅつ》用の銭（厭勝銭《えんしょうせん》）とかつては考えられてきたが、そうではないとするのが近年の通説である。

富本銭を含め、朝廷が銭を発行したのは、日本の独創ではなく、中国の制度をまねたものである。改元などと同じく、天皇の権威を示すための政治的デモンストレーションという面もある。ただしそのことと通貨であることとは矛盾しない。まじない用の厭勝銭とする説も根強いが、通貨を二次的にまじないに使うことはありうる。

時期が少し降るが、七〇二年に施行された大宝律《たいほう》では富本銭の私造が禁じられた。製造費用以上の価値で銭が流通するならば、その差額が発行者の利益（発行益）になる。富本銭が実際に流通していたからこそ、富本銭の私造が起こったわけである。

富本銭を発行した目的の一つが、藤原京の建設に際して物資を購入したり、建設労働者の労賃を支払ったりすることにあった。つまり富本銭は物資の調達の対価や給与として政府側が支払う手段として用いられていた。この機能を国家支払手段と呼ぶ。

ただし富本銭の発行をもって、朝廷が通貨を供給した、と見なすことには問題がある。というのは、朝廷は国家支払手段の機能しか想定せず、交換手段を庶民へ供給するという発想がなかった可能性があるからだ。そのことは次に述べる和同開珎を見ると明らかになる。

和同開珎の目論見

八世紀は、おおかた奈良時代に重なる。平城京遷都や東大寺《とうだいじ》（奈良県）大仏の造営があった時期である。七世紀までの寒冷期を脱し、温暖化が始まる。当時の人口は約五〇〇万人だった。紀元前に稲作が始まって以来の人口増加がこのころから鈍化する。人口の増加を抑えた理由の一つが感染症である。世界史上、感染症は人口を大きく左右した。八世紀日本の場合、大陸との交流が活発化して病源体が渡来し、免疫がなかった日本人の間でたびたび爆発的に流行した。例えば聖武《しょうむ》天皇のもとで政治を主導した藤原四兄弟（鎌足《かまたり》の孫）が、天然痘と思われる感染症のため七三七年に相次いで没したことが知られる。

八世紀の商業はどのようだったか。古代の庶民というと自給自足、とのイメージがかつてあった。しかし実際は、商業はそれなりに展開していた。例えば朝廷は平城京に市《いち》を置き、売買を管理した。都《みやこ》と地方とを行き来する遠隔地商人もいた。

それでは通貨について見てみよう。七一〇年の平城京遷都の少し前、女帝・元明《げんめい》天皇のもとで七〇八年に銀貨と銅貨が発行された。ともに「和同開珎」の銘を持つ。円形・方孔・定量（一匁＝三・七五グラム程度）・四字という、この後の国産銭の基本形態を持つ銭の走りである。四字であることは開元通宝をモデルにしている。読みはワドウカイチンかワドウカイホウかという論争があるが、カイチン説が優勢である。

和同開珎銀銭は、すでに流通していた無文銀銭を回収し、それを溶かしてつくった。和同開珎銀銭に地金以上の価値を法で与えることで、朝廷は発行益を得た。

和同開珎銅銭の初期のものは富本銭と同じく銅・アンチモン合金だが、それ以降のものは青銅、つまり銅・錫《すず》の合金である（実際には鉛《なまり》も含む）。青銅は錫の比率が低い方から高い方へ順に、赤銅色→金色→銀色に発色する。青くない。青銅製の鎌倉大仏が青いのはサビのせいである。和同開珎以降に日本で使われた銭は、江戸時代前期の一七世紀に私造銭である鉄《てつ》銭《せん》が登場するまで、原則として青銅貨である。以下特記しない限り、銭または銅銭とある場合は青銅貨を指す。なお古代〜近世の日本の銭の素材の銅は国産である。一方、錫はこの後一六世紀いっぱいまで輸入に依存した。そのため古代・中世の国産銭は一般に錫の含有量が少ない。

発行の目的は、平城京の建設などのための物資の購入や労賃の支払いにあった。富本銭と似ている。

和同開珎を発行した翌七〇九年、朝廷は和同開珎銀銭に関する政策を集中して行った。まず、銀の地金を通貨として使うことと銀銭の私造を禁じた。銀銭が私造されたのは、朝廷が発行した銀銭の法定価値が製造費用を上回り、実際に流通していたからこそである。また高額取引では銀銭を、小額取引では銅銭を使え、と命じた。米や布などでなく銭での取引を人々に促したわけだ。ただしそのことは、和同開珎の発行の目的が社会での取引の円滑化だったことを意味しない（後述）。一方早くも同年、銀銭の通用を停止した。

和同開珎（銅銭）

銭を銅銭に統一し、発行益を得るという目論見《もくろみ》があった。

和同開珎は債務証書?

七一〇年代には和同開珎銅銭に関する政策を集中して行った。まず供給面では、以前は布などで支払っていた官僚の給与の一部を銭で支払うことにした。

社会での使用を促すための政策として、銭一文＝籾殻《もみがら》つきの米六升と価格を法定した(ただしこのころの一升は現在の約四割)。当時の平城京建設の労働者の日当は銭一文だった。つまりこのころの和同開珎は現在でいう小銭ではなかった。また、田を貸借する際に地代を銭で支払うよう強制した。加えて、上京する労働者や各地から税を輸送する人たちが持つ銭と、各地を支配している豪族が管理する米とを、交通の要所などで交換させた。そして平城京の市で朝廷発行銭の受け取りを拒否することと、私造銭の使用を禁じた。これを択銭禁止令《えりぜにれい》または撰銭令《えりぜにれい》という。

銭を供給してばかりでは、際限なく製造しなければならない。そこで朝廷は銭を再使用するために回収を図った。調《ちょう》(税の一つ)と庸を銭で支払うことを認め、朝廷へ銭を納めた者に位階を与え(蓄銭叙位法《ちくせんじょい》)、銭の蓄蔵を地方官に任用する際の条件にした。

これらの政策から、朝廷が想定する和同開珎の移動の回路がわかる。①官僚や労働者は朝廷へ労働を提供し、対価に銭を得る。②官僚や労働者は商人や地方豪族へ銭を支払い、対価に必要物資を得る。③商人や豪族など物資提供者は朝廷へ銭を支払い、納税義務を完了する、または位階を得る。①③は支払手段機能、②は交換手段機能にあたる。本書の焦点は交換手段機能を示す②にあるが、これも、物資の価格を政府側が定め、物資の供出を政府側が命じるものであり、対等な二者間の商品交換とは異なる。総じて、朝廷が財政支出した銭の受領を人々に強制する政策である。

要するに、朝廷が必要な物資や労働力を銭で調達できればよい、言い換えれば国家支払手段の機能を朝廷は期待しており、一般的な交換手段の機能を第一目的にしていない。政府事業への物資や労働力の提供に対して朝廷は銭を渡し、納税や位階・官職の対価として銭を受け取ることで朝廷は債務を弁済するという、政府側の負債から始まる回路が銭の価値を保証する。銭の素材価値が保証するわけでは必ずしもない。このことから、和同開珎は政府の債務証書である、といえる。

ただし①②で銭を受領した人が自らの納税に使わず、納税に使うつもりがある他人へ銭を渡して対価に何かを得る、ということがありうる。実際にそのような行為が連鎖して、和同開珎が先の回路を外れて流通していく。そのうちに、朝廷が受け取るから云々《うんぬん》ということを意識せず、単に周りの人が使っているからという理由で、人々は受け取るようになる。このことにより和同開珎が一般的な交換手段の性格も強めていくことになる。

元正天皇《げんしょう》（元明の娘）の治世である七二〇年代初頭、朝廷は銀地金と和同開珎銀銭の使用を解禁し、和同開珎銅銭の価値を切り下げた。実は社会で銀地金と銀銭が流通しており、銅銭の法定価値が守られず、市場ではそれ以下の価値で流通していた。社会の実態を無視しては朝廷も政治運営ができず、それを追認せざるをえなかった。朝廷が目指した銅銭のみの通用は、すぐには達成できなかったわけである。

奈良時代の皇朝銭

和同開珎以後一〇世紀までに朝廷が発行した銅銭を総称して、皇朝十二銭《こうちょうじゅうにせん》と呼ぶ。なお和同開珎以後に朝廷が発行した銭は一二種類だけではなく、また青銅製だけでなく金製・銀製のものもある。

和同開珎の時代は約五〇年続いた。感染症で没した藤原四兄弟の長兄・武智麻呂《むちまろ》の子で、学才に優れ唐風趣味で知られた藤原仲麻呂《なかまろ》が政治を主導していた七六〇年、万年通宝《まんねんつうほう》（銅）・開基勝宝《かいきしょうほう》（金）・大平元宝《たいへいげんぽう》（銀）の三種の銭が発行された。開基勝宝と大平元宝は、政権の権威を示すための仲麻呂の政治的デモンストレーションに特化した記念コインのようなものであり、通貨としては流通しなかった。

万年通宝一枚は和同開珎銅銭一〇枚と等価とされた。旧銭の一〇倍の価値を新銭に与える政策は唐にもあり、それをまねた。

万年通宝を発行した背景に私造銭の増加がある。このころ、流通している銭の半分を私造銭が占めていた。朝廷発行か私造かはともかく、通貨としての銭の使用は広まっていた。ただし私造銭が加わったため銭全体の供給量が過剰になり、和同開珎の市価が下がった。そこで万年通宝に和同開珎の一〇倍の価値を与えたわけだ。より直接的な目的は、平城宮の改造工事の費用などの支払いと、新羅出兵（計画）の軍事費の調達にあった。

朝廷は万年通宝の価値を先のように定めたわけだが、これは和同開珎を持つ者にとって不利である。そのため人々は従わず、万年通宝を敬遠したので、その市価は下がった。これ以降、次の神功開宝《じんぐうかいほう》を除き、旧銭の一〇倍の価値を新銭に法で与えて発行益を得ようとするが、新銭の市価が下がって最終的に旧銭と等価になり、また新銭を発行して発行益を得ようとする、ということが繰り返される。新銭の市価が下がっていったのは、銭の増加ほどに物資の供給が増えず、また、九世紀になってから顕著なのだが、物納税の上納が滞り、朝廷が京の市で物資を十分に分配できなくなり、銭の供給が相対的に過剰になる傾向にあったことが一因と考えられる。なお万年通宝が発行された後も和同開珎の使用は認められ、併用された。

七六〇年代には万年通宝の供給に加え、飢饉《ききん》や戦争（藤原仲麻呂の反乱）などもあったため、商品の供給が需要に対して不足し、物価が上がった。当時、近江の石山寺《いしやまでら》の建築に携わった労働者の一日あたり賃金が約一〇～一五文で、米価が約二合で銭一文だった。七一〇年代には法定日当が一文で、法定米価が銭一文＝六升（＝六〇合）だったことと比べると、名目賃金と物価が上がり、銭は相対的に小額の通貨になった。

仲麻呂の敗死後に即位した称徳《しょうとく》天皇のもと、七六五年に神功開宝が発行された。新政権が成立したことを示す政治的デモンストレーションの意味と、西大寺《さいだいじ》（奈良県）などの建設費用を得るという財政目的があった。

その後神功開宝の市価が下がり、発行益が得られなくなったため、桓武《かんむ》天皇のもとで七八二年、その製造が停止された。しかし七八四年に長岡《ながおか》京の建設が始まると、その建設費用を調達するため、七九〇年に製造が再開された。

以上のように、八世紀を通じて、政府の建設事業の遂行が、銭を発行する主目的としてあり続けた。事業の中でもとくに都城の建設が主だったこともあり、和同開珎から神功開宝までの奈良時代の銭は、主に畿内で流通した。周辺諸国や東北・九州など遠隔地でも流通したが、数は少なかった。

平安京建設と銭不足

八世紀末から九世紀は、約四〇〇年にわたる平安時代の最初の四半期にあたる。平安京遷都とその建設の時期である。庶民に対する朝廷の管理がうまくいかず、税の未納が頻発した。温暖化による干ばつ・飢饉・感染症など、うち続いた災害もその背景にある。商業の点では対外貿易の活発化が注目される。八三八年に最後の遣唐使が派遣された後も、政府管理または民間による大陸との貿易は続いた。

七九四年の平安遷都の少し後、桓武天皇のもと、七九六年に隆平永宝《りゅうへいえいほう》が発行された。隆平永宝一文＝和同開珎・万年通宝・神功開宝一〇文とし、追って和同開珎など旧銭の通用を停止する、と布告した。模造銭が増え、銭全体の供給量が増えたため旧銭の市価が下がったことへの対応と、平安京の建設費用の調達、そして天皇の系統が天武系から天智系へ移ったことをアピールする政治的デモンストレーションの意味がある。おおまかには八世紀に銭が発行されたときの理由と同じである。八世紀と異なり旧銭の通用を停止しようとしたのは、銭の供給量を限ることで、その価値を維持するためだった。

しかし地方の豪族にとっては、富を持っているということが、単なる価値蓄蔵だけでなく、自らの威信を人々に示すことも意味した。だから彼らは旧銭をためこんだ。そのため銭は朝廷へ円滑に戻ってこなかった。新銭の素材が不足し、発行益を得ることが難しくなった。朝廷は銭を回収するため、七九〇年代末に、畿外の官僚・庶民の蓄銭を禁じ、地方官庁が持つ米と交換する形で銭を回収した。

とはいえそれでも人々は旧銭をためこみ続けたので、銭不足は改善されなかった。ついに朝廷は旧銭通用停止の方針を撤回し、八〇八年に新旧の銭の併用を認めた。また、翌八〇九年には一部官僚への給与の支払手段を銭から米へ変えた。

都市民の生活のため

隆平永宝を発行した後、九～一〇世紀には約一〇～二〇年の周期で朝廷は新しい銭を発行した。九世紀の銭を個別に見てみよう。八一八年、富寿神宝《ふじゅしんぽう》が発行された。八三五年（承和《じょうわ》二年）、承和昌宝《じょうわしょうほう》が発行された。日本初の年号を持つ銭である（なお和同開珎の発行時の年号は和銅である）。以上の二つは平安京造営の費用の調達が主な目的だった。八四八年に長年《ちょうねん》大宝《たいほう》、八五九年に饒益神宝《にょうやくしんぽう》、八七〇年に貞観永宝《じょうがんえいほう》、八九〇年に寛平大宝《かんぴょうたいほう》が発行された。

富寿神宝以降の銭は、鉛の含有率が一〇～四〇％と高くなる。また錫が一％以下になる。富寿神宝以降の皇朝十二銭は青銅貨でなく銅鉛貨と呼ぶ方が実態に近い。総じて品質が悪くなる。銭そのものの生産量も減っていく。以上の現象は、銅の国内生産が減り、かつ平安京の建設が終わり、労賃の支払いなどで銭を使う必要性が減ったため起こった。

なお長年大宝が発行された背景には当時の米高もあった。新銭の価値を旧銭より法で高く設定することで、銭を持つ人々が米を買いやすくなるようにしたらしい。

九世紀後半にはこれと似た趣旨の別の政策もある。製造品質が悪く銭文が不明な銭や損傷した銭を受け取るよう、畿内と近江の商人へ強制する法である。本法の背景には、このころ、朝廷が無償で徴用する労役（徭役《ようえき》）がなくなっていく代わりに、銭を支払って労働力を確保するようになったことがある。平安京の住民は原則として農業に携わらないため、所得は銭だけで得る。彼らが持つ品質の悪い銭の購買力を法で保証することで、食糧の購入など彼らの日常取引の需要を満たそうとしたわけである。

このように、九世紀の銭政策は京や畿内に対象を限り、都市民の生活維持を目的とするものが目立つようになる。政府事業の費用を調達するという目的は、九世紀半ばに平安京の建設が一段落したため、その比重が八世紀に比べて小さくなっていった。

銭の素材が不足したため、九世紀後半には、畿内を除く美濃《みの》（岐阜県）・越前《えちぜん》（福井県）から西、九州までの諸国で蓄銭を禁じた。そのためでもあろうか、おおまかには、九〜一〇世紀の銭は平安京・畿内・近江で主に流通し、八世紀に比べると周辺諸国や遠国での流通は少なかった。

銭の発行停止

一〇世紀は、平安時代の第2四半期にあたる。朝廷が集中管理的に人頭税を課すシステムをあきらめ、新興の地方有力者に土地の経営と徴税を委《ゆだ》ねる、土地税システムへ転じる。中央では藤原氏出身の摂政《せっしょう》（天皇幼少時の職務代理）・関白《かんぱく》（天皇成人後の政務補佐・執行）が政治を主導するようになる。寒冷化に転じたことよる冷害・農業不振が、人口の停滞（このころで六〇〇万人台）や、九三〇～九四〇年代の平将門《たいらのまさかど》・藤原純友《すみとも》の乱など地方騒乱をもたらした。農業の不振は、生産物があるところからないところへの移動を促し、商業を活発化させた。商業の発達は経済成長を示す、というイメージがあるかもしれないが、歴史上はむしろ逆の場合も多い。

醍醐《だいご》天皇の治世の九〇七年に延喜通宝《えんぎつうほう》、村上《むらかみ》天皇の治世の九五八年に乾元大宝《けんげんたいほう》が発行された。延喜通宝と乾元大宝の中には純粋な鉛貨もある。以上で皇朝十二銭の発行が終わる。村上天皇の治世では九六三年にも新銭の発行が再び計画されたが、未遂に終わった。

銭が発行されなくなったのは、九世紀以来、銅の国内生産が不調になったことと、大規模な建設事業や戦争がなく、発行益を得る必要が少なくなったため、言い換えれば国家支払手段を発行する必要がなくなったためである。なお一〇世紀には、日本で銭を発行しなくなるのに代わり、遼《りょう》（中国北部）、丁《ディン》朝・前黎《レ》朝（ともにベトナム）、高麗《こうらい》（朝鮮半島）など中国の周辺諸国が発行し始める点で対照的である。九世紀以前の中国周辺で独自の金属通貨を継続的に政府が発行したのは日本だけだった。日本の銭発行の試みは、東アジアでは早熟の方だった。

ただ、発行が終わったあと、銭が使われなくなったわけではない。例えば、貴族社会を描いた一〇世紀後半の長編文学『うつほ物語』に、囲碁のシーンが複数ある。その中で、銭がしばしば賭《か》け物になっている。また朝廷は一〇世紀後半に入っても、建前上は銭の使用に関して法で定め続けた。例えば九六七年施行の延喜式《えんぎしき》（律令の施行細則）は、調を銭で納める場合の規定や、銭文が不明である銭の使用を強制する規定を含む。

しかし、九八〇年代になると、銭の市価が金属そのものの価値まで下がり、さらには銭が使われなくなった。品質の悪い銭を人々が嫌ったためである。

これに対して朝廷は、税を規定の品目でなく別のもので支払う場合の換算レートや物品の価格を定める法（沽価法《こかほう》）を制定し、銭の価値を回復させようとした。また銭の流通が円滑になるよう、主要寺社に祈願させた。しかし銭は使われないままだった。

以上のように、一〇世紀には銭が発行されなくなり、使われなくなっていった。

米や布の再浮上

一一世紀は、平安時代の第3四半期にあたる。世紀前半には孫を連続して天皇にすることで国政を主導した藤原道長《みちなが》、その子で平等院鳳凰堂《ほうおうどう》を建立した頼通《よりみち》らによる、いわゆる摂関政治の盛期を迎える。その後、一〇六八年に即位した後三条《ごさんじょう》天皇、その子・白河《しらかわ》天皇による親政、そして一〇八六年の白河退位後に院政が行われる。近年の歴史教科書は院政の開始を中世の始まりとしている。一一世紀は温暖化に転じた。九世紀と同じく干ばつ・感染症が頻発し、人口は停滞した。

一一世紀には京都周辺を除き、銭が流通しなくなった。例えば、『今昔物語集《こんじゃくものがたり》』のうち一一世紀の説話には銭に関するものがない。

ここまで銭を中心に述べてきたが、実のところ、皇朝十二銭の発行が始まった八世紀以降、麻布・米や絹布なども通貨として使われ続けていた。一一世紀も通貨には米（「石《こく》」単位）や絹布（「疋《ひき》」単位）が主に使われ、これが一二世紀半ばまで続く。七世紀に通貨として銭が加わったものの、一〇世紀末に退場し、銭の登場前から政策に関係なく人々が使っていた米などが目立つようになったわけだ。

この時期には内裏《だいり》再建などの建設事業や、さまざまな朝廷行事も行われた。結果論だが、銭を発行せずともこれらは可能だった。朝廷が銭を発行した時代と異なる財政システム、例えば宮城の建設費用などを負担した者に官職・位階を与える売官システムが成立していたからである。朝廷が銭を発行するかどうかは、財政上の需要の有無によった。銭がないならないで庶民はそれ以外のモノを通貨に使っただけのことである。

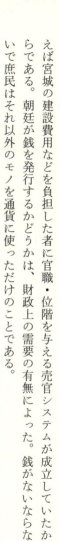

中世の兆し――輸入銭と切符系文書

その一方で、一一世紀には中世的な通貨システムの兆しが見られる。一つめが、輸入銭の使用である。先に述べたように、九世紀に最後の遣唐使が派遣された後も、民間レベルでは中国との通交と貿易が続いた。その日本側の拠点だった博多《はかた》では一一世紀後半に、宋《そう》が発行した青銅銭が流通した。博多の中国商人コミュニティと、それと関係を持った日本側の人々が宋銭を使っていた。ただしあくまで博多のみであり、全国的な流通はこの時期には確認できない。ちなみに日本の遺構から最も多く出土する銭は、宋が発行した皇宋通宝《こうそうつうほう》である。

皇宋通宝

もう一つ、官庁・公家・寺社やそれらと関係の深い商人などが紙媒体を通貨のように使い始める点も中世の兆しである。それが切符《きりふ》系文書である。官庁や公家・寺社がその出納機関へなんらかの物品の支払いを命令するものを指す。

切符系文書は、だいたい次のようなシステムで用いられた。例えばある寺が木材を商人から得る。寺は、木材の対価となる米を支払うよう、その寺の出納部局へ命令する趣旨の切符系文書をつくる。寺はそれを商人へ与える。商人は寺本体と別の場所にあるその寺の出納部局へ切符系文書を持参して呈示する。すると商人は出納部局から記載の額の米を受領できる、というものである。

つまり、その寺は物資を得る交換手段として切符系文書を使っている。交換手段として使う紙媒体という点で、紙幣に近づいている。厳密には、特定の宛先《あてさき》へ支払いを命令する点で、現在の為替手形に近い。また、切符系文書は金融業者が買い取ることもあった。つまり切符系文書は譲渡性を持っていた。

切符系文書の使用が広まったのはなぜか。当時銭が使われなくなった代わりに通貨として使われた米や絹布は、相対的に高体積・高質量であり、輸送コストが大きい。紙であれば輸送コストは小さい。銭が退場したゆえに、紙製の通貨類似物が発明されたわけである。

中世になると輸入銭や紙媒体がさらに広く使われるようになる。このように、一一世紀は通貨の古代から中世への転換期にあたる。一一世紀後半の院政をもって中世の始まりとする政治史的な時期区分と、だいたい合う。

金と銀

ここで本章全体の時期、すなわち古代・中世日本での金・銀の使用について触れる。

金については、陸奥《むつ》（東北地方）などで生産された砂金や、それを溶かしてつくった塊が使われた。ただし通貨としての使用は限られていた。『今昔物語集』にこんな話がある。「今は昔、京都に、貧しいが信心深い女がいました。清水寺《きよみずでら》の本尊である観世音菩薩《ぼさつ》から夢のお告げがあり、金三両を得ました。彼女はそのうち一両を米三石に替え、その米で家を買って平穏な生活を送りましたとさ」。

この説話のポイントは、家を買うときの交換手段に金が使えず、米など他のものにいったん交換する必要があった、ということである。金は単位質量あたりの価値が高すぎるので、時代を問わず、庶民にとって日常取引に使いづらい。しかしこの説話によれば、家を買うという高額取引でさえも、金を交換手段に使えなかった。古代から中世における金の使用は、院や武家など支配者層が関わる贈与が主である。中国などへ輸出されもしたが、さほど大規模なものではない。かのマルコ・ポーロは、「黄金の国ジパングからは金が持ち出されたことはない」とまで言っている。

銀については、七〜一三世紀ごろまで、日本では対馬《つしま》（長崎県）がほぼ唯一の産地だった。一五世紀まで、中国や朝鮮半島などからの輸入に依存した。七世紀の無文銀銭を除き通貨には使われず、金と同じく、支配者層の贈与の支払手段に主に使われた。

2 外国銭の奔流、国産銭の復活

南宋からの波

一二世紀は、平安時代の最後の四半期と、鎌倉時代の始まりにあたる。白河院・鳥羽《とば》院らの院政を経て、平氏政権や鎌倉幕府などの武家政府が成立する。一二世紀は荘園成立のピークでもある。院や藤原摂関家ら国政を司《つかさど》る側が各地に荘園を設定し、財源にした。世紀前半の温暖な気候は、例えば本州の中でも高緯度にある平泉《ひらいずみ》（岩手県）を拠点とした奥州《おうしゅう》藤原氏の繁栄をもたらした。その後、世紀後半には寒冷化し、これがまた農業を不振にさせ、限られた生産物をめぐって源平合戦など一連の戦争が起きる背景になった。

一二世紀から一六世紀までの中世日本社会は、外国の青銅貨、主に中国産の銭を通貨として使った。一二世紀から一三世紀にかけて、中国銭が日本へ流入する三つの波があった。その第一のものが、これから述べる南宋からの波である。

一一世紀では博多のみだった外国銭の使用が、一二世紀半ばからは京都を含め畿内でも見られるようになる。一二世紀後半、平清盛《きよもり》が積極的に中国貿易を行い、銭を輸入したことはよく知られている。平氏政権下の一一七九年に流行した感染症は「銭の病」と呼ばれた。銭形の発疹《ほっしん》が出る感染症、麻疹《はしか》らしい。銭の使用が広まっていたからこその命名だろう。

当時、日本側の政府による銭の発行や民間での銭の製造（模造）は確認されていない。流通した銭は輸入銭である。ただし、例えば納税支払手段として受け取ることで政府が銭の使用を促した形跡はない。国家支払手段を主な機能とした古代の銭と対照的に、輸入銭は政府の統制に関係なく、社会で自律的に使われ始めた。

政府が受け取らないにもかかわらず、なぜ人々は輸入銭を使ったのか。本章の冒頭で述べたように、人々が通貨を使う根拠は、他人がその通貨を使っているという事実である。だから政府が受け取らなくとも周りの他人が銭を使っていれば、人々は銭を使う。一二世紀にそうなった経緯だが、一一世紀の状況から演繹《えんえき》すれば、博多の中国人商人が受け取る→中国人商人と取引がある日本人商人が受け取る→その日本人商人と取引があるほかの日本人が受け取る、……という連鎖で銭の使用が広がった、と考えられる。

もう一つ条件がある。周りの他人が銭を使う状況が成り立つには、十分な量の銭が必要である。ではそれほどの量の供給はどうやってなされたのか。供給元だった南宋政府は、建前では銭の輸出を禁じていた。この時期に日本が輸入した銭は、中国からすれば密輸品である。

しかし南宋政府はそれを黙認した。貿易による財政収入を求めたからである。また、一一六〇年代以降南宋は、金《きん》（中国北部の王朝）との戦争の費用を調達するために紙幣を発行した。南宋で紙幣が普及し、通貨としての銭への需要が減ったことも、銭の輸出を促した。加えて、一三世紀に入ってからのことだが、対モンゴル戦争に使う火薬の材料となる硫黄や、船舶の材料となる木材などの軍事用物資を日本から輸入するためにも、銭を輸出した。

このとき日本へ流入した中国銭は、南宋政府が発行した銭だけではない。むしろ南宋の前の北宋政府が発行した銭が多い。中国では前の王朝が発行した銭がその後の王朝の時代でも流通した。北宋は中国史において銭を最も多く発行した王朝の一つだったので、その滅亡後も日本へ流入した銭の多くを北宋の銭が占める。宋銭は日本だけでなく金・西夏《せいか》（中国内陸部）などへも流出し、これら東アジア各地でも通貨として使われた。

では需要側の日本の事情はどうか。日本で銭の通貨としての使用がいったん広まれば、それまで銭を使っていなかった人も、他人が使っているのを見て、自分も欲しいと思うようになる。すると銭への需要がさらに増える。そのため銭の輸入が利益を生み、輸入がさらに進んだ、と考えられている。

一方、先に通貨以外の需要で輸入された、という説が近年提唱された。通貨以外の需要とは、青銅の半製品としての需要である。一二〜一五世紀の日本の青銅製品（鐘など）の原料のほとんどが中国華南《かなん》産で、宋銭と金属成分の組成が近いことが科学分析で明らかになった。例えば一三世紀につくられた鎌倉大仏がそうである。輸入銭を銅材に使ったのは、当時銅の国内生産が不調だったことによる。

青銅銭に含まれる錫を求める目的もあった。和同開珎のところで述べたが、錫は古代・中世には国内で生産されず、輸入に頼った。このころ、銭の輸入量が増えても物価が上がっていない。これは貨幣数量説、すなわち物価は通貨供給量に比例し、取引量に反比例するという学説から考えると、経済活動が活発化して商品の取引量が増え、それが銭の供給の増加を相殺したことを示す。それに加え、輸入銭を通貨のみならず素材としても消費したことを示す、と考えられている。

積極的な清盛

社会で通貨として輸入銭が使われるようになったことに対し、政府側はどう対応したか。「銭の病」が流行した一一七九年、高倉《たかくら》天皇は絹布や米など、通貨に使われていた物品の価格を、銭単位で定めるよう命じた。高倉の皇后は清盛の娘であり、彼の政策は清盛の意向を受けている。

この案について天皇は、右大臣の九条兼実《くじょうかねざね》へ諮問した。「輸入銭の使用は建前では日本の法に背くので禁じるべきであるが、その使用は現実に広まっている。模造銭以外は通用を許そうと思うがどうか」、という趣旨である。しかし兼実は、「輸入銭は偽造銭に等しいので通用を禁じるべきだ」と考えていた。

兼実は先例に詳しい政策通であり、それゆえに原則論により反対したわけだが、当時の財政制度からすれば合理的な面もある。当時の財政は、これ以前の時期に通貨として使っていた絹布を単位に計算されていた。例えば神社建設など朝廷の事業の費用負担を地方へ割り当てる際に、朝廷は負担額を絹布単位で示し、地方側は相当する額の別の物品で納めた。輸入銭の使用を認めると、銭への需要が増え、絹布への需要が減る。そうすると絹布の市価が下がる。その際に負担額が絹布単位で一定のままだと、納められる物品の額が減り、歳入が実質的に減ってしまう。そこで銭の使用を禁じ、絹布などへの需要を増やして、その価値を上げることで財政を維持しようとしたわけだ。

対する高倉天皇や清盛の意図は、輸入銭が使われている現状の単なる追認という面もあるが、絹布などの法定価格を銭を単位にして市価より高く定めることで、地方から中央への代納額が減らないようにする意図もあった。銭解禁反対派・賛成派のどちらにせよ徴税者側の都合である。結局、賛成派の主張が通り、銭単位での規定が採用されたらしい。

朝廷と鎌倉幕府の銭使用禁止

一一八〇年に源《みなもとの》頼朝《よりとも》らが反乱を起こす。一一八五年に壇《だん》ノ浦《うら》合戦で平氏を滅ぼし、一一八九年に奥州藤原氏を滅ぼし、鎌倉幕府が確立する。鎌倉幕府は日本社会のすべてを統治したわけではなく、朝廷独自の政策も実施され続けた。通貨政策はむしろ幕府をリードした。

朝廷は銭の使用を禁じる方向へ転じた。戦争・飢饉が収まると食糧などの供給が需要を上回って米安（商品安）になり、その裏返しとして銭高（通貨高）が起き、これが、先の反清盛派の意見として示したように、朝廷の財政に不利だったからである。一二世紀末には、後鳥羽《ごとば》天皇らのもとで輸入銭の使用が禁じられ、違反が摘発された。社会では銭の貸借が行われたが、その利息を米で支払うよう命じたりもした。

このころの朝廷内には銭の解禁論もあるにはあった。頼朝が征夷大将軍《せいいたいしょうぐん》になったのと同じ一一九二年、朝廷は銭一貫文（一〇〇〇文）＝米一石と、比価を法定した。しかしその法定価格は市場で守られなかった。対策を検討するため、公卿《くぎょう》会議が開かれた。ほぼ全員が銭の使用禁止に賛成したなかで、内大臣である中山忠親《なかやまただちか》が一人反対した。いわく、「法定価格が守られないのは治安部局の怠慢である。まず法定価格の厳守を徹底すべきである。法定価格が守られなければ、銭の使用を禁じても意味がない」。つまり解禁論といっても、平氏政権のときの議論と同じく、物価・財政問題の解決が目的である。社会で通貨の流通を円滑にするため、といった話ではなかった。

同じころの鎌倉幕府の態度はというと、一一八七年、頼朝の弟である範頼《のりより》が治める三河《みかわ》

（愛知県）の政庁が、朝廷へ輸入銭の使用を禁じるよう求め、それが認められた。一二世紀末には朝廷・幕府ともに、平氏政権と異なり、銭の使用に消極的だったわけである。

金からの波

一三世紀は、鎌倉時代の中心的な時期にあたる。一二二一年の承久《じょうきゅう》の乱で後鳥羽院が幕府に敗れた結果、鎌倉幕府が朝廷に対し政治的に優越するようになった。世紀後半には元《げん》との戦争があり、国際緊張が高まる。火山の大規模噴火が地球レベルで頻発したため日射量が減った時期であり、日本でも農業不振・飢饉が起きた。対策として、例えば水田二毛作が広がった。歴史上、技術革新は危機のときによく起きるが、その例の一つである。商業面では定期市の開催が広まり、庶民が商品取引に接する機会が地方でも増える。

一三世紀前半に中国銭の第二の波が金（中国北部の王朝）から来る。一二一〇年代に金政府は銭の使用を禁じ、紙幣のみを使うよう命じた。結果、金で使わなくなった銭が日本へ流入した。先に見たように、一二世紀以来日本では、政府の政策と関係なく、通貨としての銭の使用が社会で広まっていたが、これをさらに促した。

流入した銭の内実は、金が発行した銭より、相変わらず宋銭が多い。一三世紀から一四世紀にかけての一〇〇年の間に、一年あたり約二五万貫文、トータルで宋が製造した銭の総量の一／八を日本が輸入した、との推計もある。

銭が普及すると、荘園年貢などを絹布や米などの代わりに銭で支払う、代銭納《だいせんのう》が広まった。代銭納自体は一二世紀後半から確認できるが、一二二〇年代になるとその例が増える。代銭納が広まったのは、銭の普及と対照的に絹布の供給が減って入手が難しくなった、市価が銭高だったので絹布単位で定められている貢納を銭で支払う方が有利だった、耐久性に難がある絹布より銭が好まれた、といった理由がある。なお代銭納をしようと思えば、生産物を売って、銭を得なければならない。代銭納ができるのは、販売の場（市）が各地に存在し、発達していたからこそである。

個別の領主が銭による納税を受け入れ始めただけでなく、中央政府も銭の使用を認める方向へ転じた。例えば一二二五年に朝廷は、銭の貸借の利子を制限する法を定めた。裏を返せば銭の貸借を、ひいては銭の使用を公認したことになる。

朝廷が輸入銭の使用を認めるということは、流通する銭は自国の王朝が発行したものでなくともよい、ということでもある。つまり政府の権威を示すための政治的デモンストレーションの意味を銭に持たせていない。その点で古代の朝廷と態度が異なる。

朝廷が銭の容認に転じた理由の一つに、承久の乱で院側が幕府に敗北した結果、朝廷の地方への統制が弱まったことがある。清盛のところで述べたが、一二世紀まで朝廷は絹布とその他現物との換算基準を法定し（沽価法）、地方はそれに基づいて相当額の物品を中央へ納めていた。その際に銭の使用を認めると朝廷にとって不利になりかねなかった。しかし地方への統制が弱まると、徴税自体が難しくなった。銭であったとしても納められたならまだマシであり、朝廷がその使用を拒否できるような状態でなくなっていた。

もう一つの理由が、銭での取引が活発化した現実である。荘園領主にとって、地方の荘園から米や塩などの現物を年貢として集めるのでは、納められる時期の兼ね合いもあるので、欲しいものを欲しいときに得られるとは限らない。銭であれば、市などへ持って行けば、在庫さえあれば欲しい商品といつでも交換できるので、合理的である。

幕府もついに銭を容認した。御成敗式目《ごせいばいしきもく》（鎌倉幕府の基本法典）を編纂《へんさん》したことで知られる執権・北条泰時《ほうじょうやすとき》が幕府政治を主導していた一二二六年、絹布単位で納税額を計算する方式をやめ、銭の使用を命じた。納税以外でも銭が価値尺度に採用された。例えば一二三一年、窃盗犯の罪刑を、窃盗額が銭換算で一〇〇〜二〇〇文の場合は倍額を支払わせる、三〇〇文以上の場合は拘禁刑にする、と定めた。以上のように、一三世紀前半には朝廷も幕府も銭の解禁に転じた。

なお銭を価値尺度に使う行為も政策より社会慣行が先にあった。一三世紀前半から半ばにかけて、物品の価格を表す際に絹布に代えて銭を使うようになる。また絹布の計数単位だった「疋」という単位を、このころから銭の計数単位（一疋＝一〇文）として使うようになる。一二世紀以前の沽価法は物品の価格を絹布の単位である「疋」で記していたが、一三世紀には相当額の銭で支払うようになり、最終的に単位だけ疋の表記を残した、という経緯がある。銭は絹布に比べて均質性が高いので価値尺度に使いやすく、銭が供給されるようになったので人々はそちらになびいた、という面もあった。

元からの波

一二七四、一二八一年に元－モンゴル帝国は日本に侵攻した（文永《ぶんえい》・弘安《こうあん》の役）。同じ一二七〇～八〇年代、中国銭の第三の波が来る。元は一二七〇年代に金と同じく銭使用禁止・紙幣専用政策を採用した。そのため、中国南部で使わなくなった銭が流出したことによる。紙幣専用政策を採ったのは、基軸通貨に採用した銀が不足したためである。銀を基軸通貨にした背景には、モンゴル帝国が成立して東西交易が活性化し、西のヨーロッパから東の中国までユーラシア全体で、国際決済通貨に銀貨を使うようになったことがある。

戦間期には、元政府は日本商人が金を持ち込み、銭を持ち帰ることを許した。国際緊張はあったが民間レベルでは貿易があり、元から日本へ銭が流入していたわけだ。

元から銭が流入すると、代銭納に転じる荘園が増えるなど、国内での銭の使用がさらに広まった。同じころジャワやベトナムなどでも元から流入した中国銭を使うようになった。

ただしこの第三の波は、日本での銭需要に十分な量でなかったらしい。そのことを示すのが、一三世紀後半以後に日本各地で壺《つぼ》や甕《かめ》などに入れて埋められた、大量の銭である。一つの遺構から、数十枚から一〇〇〇枚以上の銭がまとめて出土したものを、一括出土銭という。一三世紀後半以降一六世紀までの遺跡でしばしば発見される。地鎮《じちん》など厭勝・呪術的目的（埋納銭）のものも一部あるが、価値蓄蔵目的（埋蔵銭・備蓄銭）のものが多い。

銭が大量に埋められたのは銭の供給が潤沢だったからではないか、と思うかもしれない。逆である。銭不足の状況では、将来銭がさらに不足するだろう、そうなれば銭の価値がさらに高くなるだろう、と予測する人が出てくる。ならば今は使わないでおこう……ということでためこまれた結果が一括出土銭であると考えられている。商業が活発化し、商品の取引量は増えていたが、銭の第三の波は量的に十分でなく不足感が消えなかったので、銭の埋設がはやったわけである。なお一二八〇年代後半に元政府は銭の輸出を禁じた。これも日本への銭の輸入量を下押しした。

先に、このころユーラシアの国際決済通貨が銀貨になった、と述べた。しかしここまで見たように、日本は中国でだぶついた銭を使った。その後一六世紀になるまで銀貨は使わなかった。つまり中世の日本はユーラシアの通貨秩序の辺境だった。

民間の模造銭と後醍醐天皇の計画

一四世紀は、鎌倉時代の終わりから室町時代の始まりにあたる。一三三三年に鎌倉幕府が崩壊し、後醍醐《ごだいご》天皇による建武《けんむ》の新政が始まる。その後足利尊氏《あしかがたかうじ》が幕府を設立し、南北朝の内乱が展開する。一三九二年には尊氏の孫・足利義満《よしみつ》の主導により南北朝が統一された。

気候は世紀後半から寒冷化に向かうものの、おおまかには安定した。そのこともあってか、これまで停滞していた人口が増加に転じた。商業に関しては、前世紀以来の代銭納の進展を受けて、売るための商品を効率的に生産する、という行為が社会に広がる。例えば各地の特産品は古代以来、自己消費や納税の支払手段に使われてきたが、このころから販売目的での生産が目立つようになる。市場経済の拡大である。

通貨の面では、一三世紀末以来の銭不足が一四世紀も続き、銭高になった。銭が不足した原因の一つが、一四世紀後半の中国に成立した明《みん》の政策である。前の元政府は積極的に貿易を行っていたが、明は政府使節以外の自国民の自由な国外渡航を禁じる、外国に対して閉鎖的な政策（海禁《かいきん》）を採った。倭寇《わこう》などにより中国沿岸部の治安が悪化したためである。海禁が行われた結果、日本への銭の流入は限られた。一方で日本では経済活動が活発化して商品の取引量が増えており、銭への不足感がいっそう強まった。

そこで日本側は銭の輸入増を図った。例えば、京都の東福寺《とうふくじ》と筑前《ちくぜん》（福岡県）の筥崎宮《はこざきぐう》が火災に伴う再建資金を得るため中国へ派遣したものの、一三二三年ごろ復路で沈んだ貿易船が、韓国南西部沖で発見されている。この船は八〇〇万枚以上、約二八トンの銭を積んでいた。ただしこれはあくまで一例であり、全般的には当時の貿易は不調だった。

模造銭

銭不足へのもう一つの対応として、国内で中国銭の模造が広がった。例えば京都では、鏡などの金属製品をつくる職人の工房で副業的に製造された。同じころ京都の銅細工職人が模造銭をつくって、朝廷の治安部局に摘発されてもいる。

国内各地で出土した銭のうち、一四世紀のものから国産の模造銭が混ざるようになる。国産模造銭は仕上がりが悪かったり、銅の含有率が高いことで判別できる。なかには左右逆転の鏡文字になっていたり、字がぐちゃぐちゃになっていたりする、中国銭の忠実な模造でない銭（島銭《しません》）もある。つまり一四世紀以降の遺跡で出土した銭が中国銭の銘を持っていても、中国産とは限らないわけである。

国内で銭を製造した背景に、銅の国内生産の再開がある。銅の生産は一〇世紀以来衰退していたが、一四世紀に新たな製錬技術が導入されて再開した。その技術は、南宋が滅亡して日本へ避難した中国人が伝えたとも考えられている。ただし錫の国内生産はまだない。国産模造銭の銅の含有率が高いのはそのためである。

ともかく、このころから流通する通貨の中で国産模造銭が存在感を示し始めた。一四世紀には朝廷も造幣を計画した。建武新政下の一三三四年、後醍醐天皇は、乾坤通宝《けんこんつうほう》(銅銭)と政府紙幣の発行を布告した。皇朝十二銭の最後、一〇世紀半ばの乾元大宝以来である。銭と紙幣とを併用する点で、宋をモデルにしている。なお一四世紀末から一五世紀にかけて朝鮮王朝やベトナムも銭と紙幣を発行した。銭と紙幣との併用は、このころの東アジアの流行だった。

発行の目的は、天皇の権威を示すための政治的デモンストレーションの面と、大内裏《だいだいり》の建設のための国家支払手段という財政的側面とがある。古代の朝廷が銭を発行した際の再現である。相変わらず社会への通貨供給は第一目的ではない。

結局、この政策は計画のみで、未遂に終わった。銭の使用が広まっていない社会へ政府が押しつけた七〜八世紀と異なり、後醍醐の時代には社会で銭への需要が増え、かつ銭が不足していた。だからもし発行していれば、紙幣も含め、人々は案外すんなりと受け入れたのではないか、と筆者は考えている。

僧侶の夢日記

昔の僧侶は、睡眠時に見た夢を日記に書くことがあった。銭の使用が広まると、夢の中に銭のモチーフが登場するようになる。本題からそれるが、そこから浮かび上がる当時の人々のメンタリティを見てみよう。

一三五一年のこと、京都から少し離れた山中にある醍醐寺《だいごじ》の僧・房玄《ぼうげん》は夢を見た。……誰かが、緡銭《さしぜに》(銭を紐《ひも》でつないだもの。後述)を布に巻いたもの三五巻を私に与えた。これは三五種類の姿に変化する虚空蔵《こくうぞう》菩薩のご利益だ、と夢の中で解釈していたところで目が覚めた。三月二一日寅刻《とらのこく》(午前四時ごろ)のことである。これは虚空蔵菩薩の化身とされる空海《くうかい》が入滅《にゅうめつ》した日時(承和二年〔八三五年〕三月二一日寅刻)と同じである。私が悟りに到るのは疑いない、……と記している。なお醍醐寺は空海が開いた現在でいう真言宗に属する。

房玄は夢の中に登場した銭を、自身が悟りに到ることを暗示する象徴として解釈している。古代以来、悟りへの到達の一環として僧侶が夢を解釈することは一般的であり、房玄のそれもその一例である。しかし実はこの夢に関する記述の前に、「(同じ真言宗である)東寺《とうじ》の仏事のために費用負担が求められていたが、手元の銭では支払いに足りず、残りの額は秋に年貢が納められてから清算することになった」という話を記している。先の夢を見たのは、それが気になっていただけではないのか、と現代人ならば解釈するだろう。

少し後の時代のものも見てみよう。秀吉の時代、一五八七年のある日、興福寺《こうふくじ》の僧・英《えい》俊《しゅん》は、「法隆寺《ほうりゅうじ》の僧が祈禱《きとう》のお礼として鏡餅《かがみもち》と銭三貫文を持ってきた」、という夢を見た。英俊は、めでたいめでたい、と感想を記している。僧なのに俗っぽいが、素直ともいえる。

英俊はこの他にも財貨のモチーフが登場する夢を書き残している。あるとき昼寝していたら、神社の祭礼で神輿《みこし》がとまるところで金貨（第2章）を拾い、自分の袂《たもと》へ入れて喜んだ、という夢を見た。覚めたあと、夢での自分の欲深さを嘆いた。

またあるとき、百姓から税として米を納められた、という夢を見た。覚めたあと、自身の欲が盛んであることを悲しんだ。またこの夢について、前年に寺の領地が減らされて経済的に困っていたが、それに対する、「安心せよ」との神からの知らせである、との解釈も記している。夢が自身の欲望を反映するものとし、また夢の背景に自身の困窮があることを想定し、それに対して神にことよせて心をみたそうとしたわけだ。

以上のように英俊は、銭など財貨をモチーフとする夢を、自身が抱く世俗的欲望の反映として解釈した。自身の欲望と覚醒《かくせい》時の思考を夢は反映するという考え方は、近代的な夢分析に近い。実は英俊の記録はその点で、日本の夢解釈の歴史上、画期的な事例である。

「夢は願望の充足である」という、心理学者フロイトの有名な命題がある。房玄は夢に登場した銭のモチーフを、良くいえば悟りを求めてひたむきに、悪くいえばこじつけて解釈した。

英俊は夢に登場した財貨のモチーフを自分の欲を示すものとして解釈し、ときに反省した。それぞれ個性があって興味深いが、世俗的欲望を抱いていることを隠しもせず日記に書き残した英俊のおおらかさに、筆者は心をひかれる。

銭の密貿易

一五世紀は、室町時代の中葉にあたる。世紀前半は足利義満らが活躍した時期であり、院や公家といった朝廷勢力への幕府の影響力が強い体制が確立する。人口は約一〇〇〇万人に到達した。しかし世紀後半には寒冷化が日本史上のピークの一つを迎える。農業危機が慢性化し、納税は停滞した。生産量が減ると、限られた資源をめぐり支配者層相互が争うようになる。一四六七年に始まる応仁《おうにん》・文明《ぶんめい》の乱（幕府を二分した大規模内戦）が象徴するように戦争が慢性化し、戦国の世へ向かう。

一五世紀も銭が不足した。とくに世紀後半が顕著である。銭不足に対応するため、民間では模造銭が生産され続けた。博多や鎌倉でも製造され、列島の両端である九州南部や東北北部で多く流通した。銅の生産量も一五世紀には中国や朝鮮へ輸出するほどに達した。

銭の輸入も続いた。一五世紀の銭の輸入は、明と日本の幕府や大名らとの政府管理貿易（勘合《かんごう》貿易）によるものが知られる。日本側は内裏や、義満の邸宅である北山殿《きたやまどの》（現在の鹿苑《ろくおん》寺《じ》金閣）などの建設費用を調達するために銭を輸入した。

ただしその勘合貿易だが、義満が政治を主導した一四〇〇年代初めこそほぼ毎年遣明船を派遣したが、その後は約一〇年ごとである。しかも銭を毎回輸入したわけでもない。だから銭輸入量のうち勘合貿易が占める割合はさほど大きくない。

中国から銭を輸入したメインプレイヤーは、密貿易商人である。一四世紀のところで述べたように、明政府は海禁をしており、国交がある外国政府の管理下の商船だけに貿易を許した。それ以外は明政府からすれば密貿易である。それでも、政府管理外の銭輸入は、日本と明とが国交を樹立する前から存在しており、勘合貿易が始まった後も続いた。

琉《りゅう》球《きゅう》・朝鮮経由でも銭は輸入された。例えば、琉球の貿易船が明の政府発行銭や私造銭を中国から日本へ中継した。また、八代将軍義政《よしまさ》（義満の孫）や、山口が本拠の大名である大内《おおうち》氏らも、寺院建設の助成などを名目に朝鮮政府へ銭の輸出を求めた。

当時輸入された銭は明政府が発行したものより、明より前の王朝の銭の銘を持つものが多い。日本で出土した銭を見るに、その約八〇％が北宋銭である。明銭の割合は約七％である。なお朝鮮からの輸入銭の中心は朝鮮王朝が発行した朝鮮通宝《ちょうせんつうほう》だったが、その割合は約〇・一％である。明銭が少ないのは、明政府は一五世紀前半に宣徳通宝《せんとくつうほう》の製造を停止して以降、一五〇三年の弘治通宝《こうじつうほう》まで銭を発行しておらず、またその後の明銭の発行も断続的かつ少量だったことが一因である。明政府が銭を発行しなくなった背景に、納税や官僚給与の支払いを銀で行う、銀財政への転換がある。

しかし中国の社会自体では銭への需要はなくならなかった。銀は相対的に高額の通貨である。銀が普及すると、それより小額で、おつりや日常取引に使う銭への需要も増えた。銭の供給と需要のギャップを埋めるため、一五〜一六世紀の中国では民間が宋など旧王朝の銭を多く私造した。そのため現存する銭で銘が宋の時代のものであっても、後世の模造品の可能性がある。なお当時の中国で私造された銭の素材となった銅は主に日本産だった。

輸入量の実情

以上、一五世紀の政府・民間レベルによる銭の輸入について述べたが、そもそもの問題として、当時の銭の輸入量を過大評価すべきでない。

一三世紀までは日本より中国の方が金高・銭安だったが、一五世紀には日本と中国とで金・銭の比価がほぼ等しくなった。だから日本が金を輸出して銭を輸入しても、輸送費などがかかるぶん、利益は出ない。また当時の中国の基準通貨である銀ベースで計算すると、一五世紀から一六世紀初頭の中国は日本より銭の価値が高かった。ということは日本にとっては割高な銭でなく、生糸など、銭よりも利益が大きい商品を輸入する方が有利である。また朝鮮政府は、銭が日本へ流出して不足したことを懸念しており、在庫がないという理由で、日本への銭の輸出を拒否するようになった。結果、一四六〇年代以降、日明・日琉・日朝の政府間ルートでの銭輸入がなくなるか、急減する。

一五世紀には幕府により銭が大量に輸入された、と従来はイメージされてきた。明との外交に積極的だった義満が活躍した世紀初めはそうかもしれないが、世紀全体ではそのイメージはあてはまらず、見直しが必要である。

なお、室町幕府は銭を発行しなかった。民間が銭を模造し、銅の国産が再開したわけだから、技術も素材もあった。にもかかわらず、なぜ幕府は銭を発行しなかったのか。幕府にその必要がなかったから、というのが答えである。国防費の調達が銭を発行する主目的だった中国・朝鮮・ベトナムと異なり、日本は島国であることもあり、大陸の諸国ほど国防費が大きくなかった。地方支配を配下の武士に任せているため、幕府そのものの財政も相対的に小規模で済んだ。財政需要がなかったわけではないが、輸入で十分であり、銭を発行して発行益を得ようとするまでの動機が幕府になかった。

一枚一文、九七枚一〇〇文

中国の銘の銭を使いはしたが、その使い方には日本の独自性があった。

その一つが、等価値使用原則である。中国では一枚一文の銭（小平銭《しょうへいせん》）と、一枚一文を超える額面の銭（大型銭）とが発行された。一方、日本の中世社会は通貨としては小平銭だけを使った。輸入した大型銭の周りを削って一文として使いさえもした。このように、どの銭でも一枚一文として使ったことを、等価値使用原則という。

もう一つが、省陌《せいはく》という、一〇〇枚未満の銭を一〇〇文と見なす慣習である。中世日本では原則として九七枚で一〇〇文とした。銭不足に際し、銭を節約する方法として成立した。なぜほかならぬ九七枚なのかはわからない。省陌は銭の孔に紐を通してつないでいる場合（緡銭《さしぜに》）に適用された。バラだとあくまで一〇〇枚で一〇〇文である。だから早起きしてバラ銭を紐でつなげば三文の得をする、というのがあのことわざの由来である、という説がある。

緡銭（江戸時代のもの、縮小）

省陌の慣習は中国では四世紀からあり、日本独自ではない。しかし例えば北宋政府が財政運用で七七枚を一〇〇文とするなど、一〇〇文と見なす銭の数が中国は日本より少ない。また中国では政府財政と民間慣行との差や、商品の種類（魚、金、書籍等）による差があった。日本ではそれがない。

一方、日本国内でも地域差はあった。例えば伊勢《いせ》神宮は一四七〇年代ごろから、支出時に七二枚で一〇〇文とした。一五世紀後半の九州や東北では一〇〇枚で一〇〇文とした。これを調陌《ちょうはく》という。

銭不足のため省陌慣行が成立するのであれば、調陌で使った九州や東北ではそれと逆に銭の供給が潤沢だったことになる。九州や東北は国産の模造銭が多く流通していた。なお江戸時代、津軽では一二〇枚で一〇〇文とした。銭の供給が過剰だったらしい。

撰銭と階層化

等価値使用原則の一方で、一五世紀後半にはそれを崩す方向性もあった。撰銭、つまり商取引や納税の場で特定の銭を選別したり、受け取りを拒否したりする行為の頻発である。

撰銭自体は、八世紀に撰銭を制限する法、すなわち撰銭令があったことからわかるように、古代にも存在した。その後一五世紀前半までの撰銭は、摩耗や破損したものなど、品質の悪い銭が対象だった。しかし一五世紀後半には、品質だけでなく、銭種＝銭文を基準に選別するようにもなる。撰銭の基準は、大名による領内の経済圏の形成により成立したものと、大名の統治領域に関係なく民間独自で形成したものとがあった。また撰銭対象になる銭種には地域差があった。例えば洪武通宝《こうぶつうほう》(明銭)は本州では嫌われたが、九州では好まれた。永楽通《えいらくつう》宝《ほう》(明銭)は一六世紀前半の畿内では嫌われたが、一六世紀後半の関東では好まれた(第2章)。

永楽通宝

なぜこれら明銭が嫌われたのかは定かではない。先に述べたように、一五世紀後半に明政府は銭を供給しておらず、当時の明銭の多くは中国で私造されたものだった。私造の明銭は中国で嫌われていたため、貿易でつながっている日本でも嫌われたのだろうか。

銭文を基準に選別できたのは、銭文を見て、それが何という銭なのかを人々が判別できたからこそである。一五世紀半ば、奈良興福寺の僧侶が日記に、彼の手元にあったらしい銭の図をメモしている。記した理由はわからないが、当時の人々が銭文への関心を高めていたことを反映している。銭文の判別はあくまで記号としての判別であり、当時の庶民が漢字による記述一般をすらすら読めたことを必ずしも意味しない。とはいえ撰銭を契機として識字率が高まったのであれば、それはそれでおもしろい。

撰銭が頻発したが、銭は不足していたため、従来であれば排除された銭も使わざるをえない、という状況にもなった。結果、嫌われた銭を、一枚一文とはしないまでも、減価して使うようになる。その早い例が一四九三年の、「黒銭」（内実不詳）一枚を一／二文とする、肥後《ひご》（熊本県）の大名・相良《さがら》氏の法である。これ以後一六世紀にかけて、一枚で一文の標準的な銭と、一／三、一／四文など一文未満に減価される銭とに分ける慣行が西日本で確認できる。前者は基準銭・精銭などと呼ばれる。後者は一般に通用銭・低銭などとも呼ばれるが、本書では減価銭と呼ぶ。基準銭と減価銭との分化を、銭の階層化という。

基準銭は高額・遠距離取引や価値蓄蔵に使われ、減価銭は特定の地域内で庶民の日常取引に使われた。基準銭単位で定められた納税額に対し、大名らが定める換算比に基づいて、その相当額を人々が減価銭で支払うこともあった。階層化は国産模造銭の流通が盛んな地域、例えば九州で顕著である。模造銭を減価銭にしていたと見られる。

一六世紀初頭の京都には各地の「悪銭《あくせん》」（品質が悪い銭では必ずしもなく、各地で嫌われた銭）が集まり、それを売買する商人が登場した。撰銭の地域差や銭の階層化により、ある地域で嫌われた銭をそれが好まれる地域へ持ち込む取引が行われたり、各階層の銭の需給に応じて階層間の相場が立ったらしい。

その他撰銭をめぐっては、「封をつける」という慣行がある。一五世紀以降、例えば年貢として銭を納める際、嫌われた銭を除いた後に、内容保証の意味で紙で封をし、サイン（花《か》押《おう》）をした。似た行為は近世の琉球でもあり、実例が現存する（第3章）。

また、破損や摩滅などがある低品質銭を嫌う傾向も続き、ひいては銭そのものを嫌う場合すらあった。一六世紀初頭、新見荘《にいみのしょう》（岡山県新見市）は領主である東寺へ年貢を銭で支払ったが、「悪銭」（この場合は低品質銭？）が含まれていた。東寺は悪銭を含む恐れがある代銭納より現物納を好むようになり、一五一〇年代には漆などで支払われるようになる。

撰銭令の再登場

先にも述べたが、古代には撰銭令が定められた。一五世紀後半に撰銭が頻発するとこれが再登場し、一六世紀にかけて室町幕府や大名らがたびたび布告した。

再登場の走りが、一四八五年の大内氏のものである。当時嫌われた永楽通宝と宣徳通宝を緡《さし》に入れる比率を、納税では二割、貸借や商取引では三割に制限した。つまり、その率まで使えるようにした。大内氏以外の撰銭令も嫌われた銭を緡に入れる比率を定めるものが多い。

嫌われた銭を一定比率まで緡に混ぜる方法は大内氏のオリジナルでなく、社会の慣行が先にあった。また古代日本の撰銭令は政府発行の銭の撰銭を禁じたが、中世では政府が銭を発行していないので、そのことは法規上問題になっていない。

大内氏が撰銭令を定めた背景には銭不足がある。そもそも一五世紀は銭不足の時期だったが、この撰銭令の背景にはもう少しミクロの問題があった。このころ、堺《さかい》商人が琉球へ銭を輸出し、博多商人が琉球から銭を輸入する、つまり堺→琉球→博多という回りくどい経路で銭が流通していた。そこに応仁・文明の乱が起こり、堺を支配する細川《ほそかわ》氏と博多を支配する大内氏とが交戦した。乱中、細川氏は堺から琉球への銭の移出を規制した。これが大内氏の領国で銭を不足させた。撰銭令はこれへの対応だった。

大内氏の撰銭令の政策意図は次の二つである。①基準銭の確保。大内氏は遠隔地交易や価値蓄蔵に使う基準銭を求めた。そのため市場での取引より納税の受け取りにおいて、嫌われた銭を緡に入れる比率を低くした。②食糧売買のガイドライン。当時大内氏は本拠である山口に家臣団を集住させた。それに伴い人口が増え、食糧への需要が増えた。大内氏の撰銭令は米売買での不正（量のごまかしなど）を禁じる条項も含む。これにより商人による不当な撰銭と不正を抑止し、家臣らが食糧を買う際に銭の購買力を保証した。

一六世紀、とくに前半には、大内氏以外に室町幕府や各地の大名も撰銭令を定めたが、大内氏のものと同じく食糧売買のガイドラインの性格を持つものが複数ある。また、戦争や飢饉により食糧の供給にゆとりがなくなる時期に定められたり、物価の引き上げを禁じるものが目立つ。これらは嫌われた銭に通用力を与えることで、食糧など商品価格の上昇や売買での不正を禁じた政策と評価できる。その点では古代の撰銭令と共通する。なお同時期に明政府が定めた撰銭令（挑揀《ちょうかん》禁令）も同じ性格を持つ。嫌われた通貨の通用を強制する政策には超時代的・超地域的な共通性があった。

一方、大内氏や一六世紀の室町幕府や大名の撰銭令には古代の撰銭令にはない要素もある。銭での納税と貸借に関する規定である。代銭納や銭の貸借の広まりという、中世日本ならではの現象を反映している。

ここで中世を通じた政府・民間の通貨への態度についてまとめて触れる。一二世紀の朝廷の銭解禁をめぐる論争といい、後醍醐天皇の造幣計画といい、室町幕府の銭による輸入といい、戦国大名の撰銭令といい、あくまで政治支配者層の利益の確保が目的であり、社会の通貨需要への対応という発想はない。社会の需要を満たすため供給された通貨という性格は、むしろ民間の模造銭にこそあてはまる。中世の国産模造銭は単なる通貨偽造ではない。

紙幣の端緒、割符

ここまで金属通貨の話が中心だったが、次に中世における紙幣の端緒について見てみよう。一一世紀ごろの切符系文書が手形に似た機能を持っていたことについて先に触れたが、中世に入っても手形に近い文書、具体的には銭など通貨への請求権を示す文書が使われた。

そのなかで紙幣に近い機能を持つのが、一四世紀に登場し、一五世紀後半に事例が目立つ、割符《さいふ》である。主に畿内の問屋商人が発行し、現在の為替手形（振出人＝発行者が通貨との交換を他者へ委託）または約束手形（振出人本人が通貨との交換を約束）と似た書式を持つ。

約束手形タイプの場合、例えば次のように使ったらしい。商人Aは商人Bへ銭を支払い、商人Bは割符を発行して商人Aへ渡す。商人Aは地方へ行き、割符と引き替えに商品を仕入れる。割符を得た地方の人は京都などにいる荘園領主への年貢を割符で支払う。領主は年貢として受け取った割符を商人Bに呈示し、銭を得る。このように割符を使えば、重くてかさばる銭を遠距離輸送せずに済む。

割符は銭と交換できる証券であることに加え、①商品の仕入れのための交換手段や納税などの支払手段に使える、②割符の授受により債務決済が完了する、つまり支払完了性を持つ、③譲渡性を持つ、④事実上の持参人払（特定の権利者が指定されず、所持している人が権利を持つ）、⑤一覧払（呈示時に支払い）または一覧後定期払（呈示から特定の期間後に支払い）である、⑥短冊型であり流通に適している、⑦額面が定額である、という特徴がある。

①②は割符が通貨の機能を持つことをまさに意味する。③④⑤⑥は不特定かつ匿名の使用者の間を転々と流通することを意味する。一般に、手形は権利者が券面に記される、つまり指名の場合がある。一方で近現代の紙幣には記名欄がなく、使用者は不特定かつ匿名である。割符はその点で近代的な紙幣に近い。⑦も、使用者の個別の需要に基づき金額が決められる

一般的な手形と異なり、近代的な紙幣に近い。約束手形タイプのものは、預金《よきん》を受け入れた商人が預金の即時支払いを約束する文書、つまり商人にとっての債務証書が第三者へ譲渡され流通する点で、近世西欧の銀行券に近い。日本の銀行券の端緒ともいえる。

祠堂銭預状

もう一つが、一六世紀初頭のものだが、祠堂銭預状《しどうせんあずかりじょう》である。禅宗寺院が寄進などで集めた銭（祠堂銭）を商人に預けた際に、商人が発行した預り証である。特徴は、①事実上の持参人払、②額面が定額、③一覧払、④選別済みの基準銭との交換を約束する文言がある、という点にある。

①②は割符と共通する。③も割符と共通するが、「いつでもご入り用のときに銭に交換します」と券面に記している。ものによっては支払日を振出人が指定する場合がある割符に比べ、より純粋な一覧払である。④は割符にはない、文書の信用をより高める文言である。預金を受け入れた商人が支払いを約束し、その文書が不特定多数の使用者の間を転々と流通しうる点で、祠堂銭預状もまた、日本の銀行券の端緒の一つといえる。なお、「預金には年末に一％の利子を加えます」とも券面上に記されている。現代の譲渡性預金証書に似ている。

割符と祠堂銭預状の額面が定額であると述べたが、具体的には五貫文または一〇貫文である。このころの一日あたり賃金が建築技術職で約一〇〇文、日雇い労働者で五〇文程度、露店で売っている抹茶が一服で一文だった。割符・祠堂銭預状の額面は庶民が日常取引で使うものではない。だから、流通したといっても、使用者は商人や領主などの高所得層に限られただろう。

またこの額面は当時の銭の管理慣行にもよるらしい。当時商人たちは緡銭を五貫文単位で藁《わら》の網で包んで保管した。つまり五貫文単位で管理されている銭との交換の実務の便が、割符と祠堂銭預状の額面を五貫文の倍数にさせた。これに対して、近世以降の紙幣が定額であるのは、使用者の個別の事情に関係なく、発行者が需要を見越して大量に発行するためである。割符・祠堂銭預状が定額であるのは、近世の紙幣と論理が異なる。

なおこれら手形の使用と同じ一五世紀後半以降、掛取引《かけとりひき》、すなわち口頭のみで契約され必ずしも記録をしない信用取引も、遠隔地取引や高額取引で行われた。

紙幣に近い手形や掛取引といった、銭の現物を使わない取引方法が普及した背景に、当時の銭不足がある。また、慢性化した内戦は、銭現物の輸送コストを増やした。それを回避するためにも、軽くコンパクトで輸送コストが小さい手形や銭現物の授受の回数を減らす掛取引が好まれた。銭現物の授受は撰銭の手間も生む。銭現物は人々が嫌った銭を含む可能性がある。これらを避けるためにも手形が好まれた。

中世の北海道と沖縄

ここまで京都や鎌倉など、日本列島の中心部の話が中心だった。対して周縁部では、また違った展開を見せた。以下、時代の大きな画期ごとに北海道・沖縄の状況について触れる。

北海道の中世は一三世紀ごろから始まる。本州から輸入した鉄鍋《てつなべ》や漆器を使い始めるなど物質文化の日本化が進み、日本人の入植が本格化する時期である。北海道での通貨の状況がわかるのはこのころからである。具体的にいうと、本州からの銭の移入が増える。例えば一四世紀後半〜一五世紀前半の志苔館《しのりたて》跡（函館空港の近く）で約三七万枚、約一トンの銭が出土している。日本の一括出土銭の最大例である。

このころの北海道で使われた銭は、主に渡島《おしま》半島の日本人入植地と本州との交易で流入したものであり、模造明銭や日本産の無文銭《むもんせん》（文字やデザインがない、すっぴんの銭。第2章）も含む。沿海州など北方経由でも銭が北海道へ流入した。

なおアイヌは商取引では物々交換を行った。銭は首飾りなどの装飾品、つまり富の象徴・威信財として使い、通貨としては使わなかった。

沖縄の古代における商品取引も物々交換だった。沖縄の中世は一一世紀ごろから始まる。各地にグスク（城）が建設され、王国が成立する時期である。沖縄本島に三つの王国が並立した一四世紀ころから、中国からの輸入銭を通貨として使い始めた。その後、統一された琉球王国の首都である首里《しゅり》や、港湾都市那覇《なは》だけでなく、本島の地方部でも流通した。大型銭も使われた点で、日本と異なる。なお離島では銭は流通しなかった。

琉球王府は独自の銅銭も発行した。中山通宝《ちゅうざんつうほう》は、一四世紀後半に三王国のうち中山の察度《さっと》王が発行した琉球最古の銭とされる。一四二九年に王国が統一された後、王府は大世通宝《たいせつうほう》などを発行した。国産銭といえば中国の模造銭を意味した同時代の日本と対照的である。ただし王国内で通貨として使われるより、主に日本へ輸出された。

一五世紀後半には琉球は一転して日本産の銭を輸入するようになった。大隅加治木《おおすみかじき》（現鹿児島県姶良《あいら》市）産の模造洪武通宝（加治木銭。第２章）や、日本産の無文銭などが通貨として使われた。無文銭は琉球内の首里城近辺でも製造された。

なお中世の琉球王府の記録には銭単位での価格表記の記述はない。銭は王府の財政の計算単位には使われず、交換手段としてのみ使われた。

第2章　三貨制度の形成〈戦国〜江戸前期〉

1　シルバーラッシュの中の信長・秀吉

模造銭生産の拡大

本章で述べる一六世紀から一七世紀は、中世から近世へ移りゆく時期である。前世紀まで金属通貨といえば銭（主に青銅貨）だけだったが、この時期に金貨・銀貨が加わり、三貨制度と呼ばれる、三種類の国産金属通貨を併用し、相互の比価を政府が法で定義するシステムが成立する。三貨制度というと一七世紀に江戸幕府ができてから、というイメージがあるかもしれない。しかし実は、その成立の兆しは一六世紀にすでにあった。そのため、日本の通貨の歴史を知るにあたっては、一六世紀と一七世紀とを連続的にとらえる方がよい。

まず、三貨制度の形成の前半段階である一六世紀の状況を見る。一六世紀は、室町時代が終わり、信長・秀吉の統一政権が成立し、近世が始まる時期である。寒冷化は前世紀に底を打ったものの冷涼な気候は続き、飢饉が常態化した。これが戦国の争乱を深めた。世界史的には、ヨーロッパ勢力が到来し、日本が経済のグローバル化に組み込まれる時代でもある。

三貨制度を構成する通貨のうち、まず銭について見てみよう。一六世紀に入っても銭の輸入は少なく、相変わらず不足した。そのため、銭の国内生産の規模と地域が拡大した。国産銭は当時、「日本新鋳料足《りょうそく》」（料足＝銭）「日本銭」「地銭《じぜに》」「和銭《わせん》」などと呼ばれた。室町幕府や大名は国産銭の使用をしばしば禁じるか、制限した。規制したということは、それだけ国産銭が流通し、銭不足を補っていたわけだ。また、当時の人々はその銭が国産であるかどうかを判別できたということにもなる。

銭を生産した地域だが、例えば茨城県東海村《とうかい》で一六世紀の模造永楽通宝の未成品が出土している。また、江戸時代に寛永通宝の製造に携わった鳴海《なるみ》家の伝えでは、同家は一五世紀前半に四代将軍足利義持《よしもち》の命で永楽通宝を模造し、その後会津《あいづ》、江戸崎《えどさき》（現茨城県稲敷市《いなしき》）、水戸へ移り、最終的に江戸に出た、という。未成品の出土や鳴海家の伝説は、常陸《ひたち》（茨城県）でこのころ銭が模造されていたことを示す。

一六世紀後半から一七世紀中葉に、九州南部の大名である島津《しまづ》氏が、領内である大隅加治木で洪武通宝などの模造銭（加治木銭）を製造させた、との伝えもある。実際、それと思われる洪武通宝が鹿児島県内で出土するし、九州の遺跡から出土する銭は洪武通宝の比率が高い。筑後《ちくご》（福岡県）でも洪武通宝を模造していたらしい。

無文銭と銭の輸出

「打平《うちひらめ》」などと記録される、無文銭の製造も目立つようになる。中国銭の模造でなく無文の銭を製造したのは、錫が国内で採れなかったことが大きく関わっている。錫が少なく銅の含有率が高いと銭の文字が出にくくなり、不鮮明になりやすい。だったら文字がなくてもいいじゃないか、ということらしい。中国銭の銘文がなくても通貨に使われたということは、中国の銭秩序から独立した日本独自の通貨であるともいえる。文字のない低品質銭と侮ってはいけない。

無文銭

無文銭は一六世紀では東北北部・山陰・九州で多く流通した。これらの地域では中国の政府発行銭や模造銭の供給が需要に対して少なかったため、無文銭が通貨需要に対応した。ただし価値蓄蔵には使われず、あくまで特定の地域内での交換手段として使われた。

一五世紀後半に日本から琉球へ銭を輸出したことは第１章で触れたが、

一六世紀前半には中国へも銭を輸出した。一四世紀以来、銅の国内生産が活発化したことに加え、銭を量産する技術が整い、中国が銭高だったので、日本から銭を輸出すると利益が出たため、と考えられる。銭を輸入に依存した一二〜一三世紀と対照的である。しかし一五世紀後半と同じく、国内で銭は不足し、撰銭も頻発していた。そのため、貿易港である博多を領有していた大内氏は、銭の輸出を禁じた。

一五四〇〜五〇年代に入ると反対に、中国からの銭の輸入が活発になった。当時明で宋など旧王朝の銭の法定価格が下げられ、かつ日本で銀安・銭高になった。そのため日本にとって、銀を輸出して（後述）銭を輸入すると利益が出るようになったからである。日本が輸入した銭は政府発行銭に加え、福建《ふっけん》（中国南東沿岸部）産の模造銭が多かった。

一五六〇年代末、再び銭の輸入が減る。一六世紀の銭貿易のメインプレイヤーは当時倭寇と呼ばれた、武装密貿易商人だった。明政府は一五六六年、福建にあった倭寇の根拠地の一つで模造銭を生産していた地域を制圧した。銭の輸出者と製造者をおさえたわけだ。一五六七年には海禁を緩め、民間人へ外国への渡航を許したが、日本への渡航は禁じた。倭寇を忌避したからである。加えて福建は一五七〇年代に銀単位経済へ転じ（後述）、模造銭をつくらなくなる。これらの結果、中国から銭の流入が減った。

銭の流入が減ると、国内で模造銭や無文銭の生産が活発化した。例えば一六世紀中葉〜後半の堺では、商人が職人を雇って模造銭・無文銭を製造させた。一五世紀まで国産銭といえば、例えば京都の金属細工職人が自分の工房で副業的に生産していたことと対照的である。

このように一六世紀には銭が輸出も輸入もされたが、ともかく、国内生産は続いた。これが、後に江戸幕府が寛永通宝を発行する前提となる。

大判・小判のプロトタイプ

次に金である。一六世紀に入ると駿河《するが》（静岡県）や甲斐《かい》（山梨県）など東日本で金山の開発が進み、金の生産量が増えた。砂金であればそのまま使うことができるが、採掘した鉱石からであれば製錬しなければならない。だから必然的にいったん溶かしてから固めたもの（鋳塊）を使うことになる。

一六世紀前半から中葉につくられた金の鋳塊の例に、碁石《ごいし》金や蛭藻《ひるも》金がある。碁石金とは、その名の通り碁石型の金塊である。蛭藻金とは、鋳塊を打ち延ばして板状・長円形にしたものである。後の大判《おおばん》・小判《こばん》と同じ形であり、そのプロトタイプ（原型）である。例えば甲斐の大名・武田《たけだ》氏は、家臣への褒賞や寺社への奉納の支払いにこれらを使った。京都の領主らの注文で、贈与・価値蓄蔵などの目的でつくられることもあった。いずれにせよこれらは一般的な通貨ではない。

蛭藻金

信長・秀吉が活躍した一五七〇年代から九〇年代になると、金塊が、領主や大名ら以外も含め、京都や近江・紀伊《きい》（和歌山県）など畿内近国で、高額取引の交換手段などに使われるようになる。便宜上、ここから金貨の語を使う。

このころの金貨は秤量して使われた。場合によっては必要な質量にするため、蛭藻金を切って使うことがあった。金貨に含まれる金の含有率もさまざまだった。取引のたびに秤量したり含有率を鑑定する手間がかかるのは、通貨として不便である。

そのため、質量や金含有率が規格化されるようになった。例えば一六世紀には金を「枚」単位で計量するようになる。この「枚」とは、平べったいもの一般の数詞ではなく、一〇両（約一六五グラム）を意味する質量単位である。一つ一〇両の板状金塊がつくられるようになり、それが板状なので、それを数える数詞が質量単位に転じた。質量が規格化された点で、計数貨幣に近づいている。また、金屋（金商人）が金の含有率を保証するため金塊に墨書や刻印（極印《ごくいん》）を施すようになる。これが取引ごとに品質を鑑定する手間を省き、金塊を通貨として使いやすくした。小さい質量で価値が高いため輸送費用が小さく、遠隔地への支払いに便利だったことも、金貨の使用を促した。

一六世紀後半の「枚」単位の金貨の代表例が、京都の彫金師である後藤《ごとう》家が製作した天《てん》正《しょう》大判である。遅くとも一五八七年（天正一五年）には存在したことが近年確認された。板状・長円形で、後藤による墨書・刻印がある。一五八〇年代のもので長径約一四センチ、短径約八センチで、この新書の文字列の縦横とだいたい重なるぐらいの大きさである。質量約一六五グラム＝四四匁＝一〇両＝一枚（質量単位）である。世界最大級の金貨といわれる。秀吉の発注によりつくられたと伝えられるが、これ以前から後藤家は同様の規格の金貨をつくっていた。

天正大判は秀吉と大名相互の贈与などに使われた。江戸時代の大判も同様である。庶民が使う通貨ではない。その点で本書の趣旨から外れるので金貨の中でも大判については以下あまり触れないが、これをつくった後藤家の系譜が、江戸幕府の金貨製造を担うことになる。

留意すべきは、金貨のこういった規格化が、政府の統制に関係なく、民間で発生したことである。そしてこれら金貨が、秀吉や江戸幕府によって後に公認されることになる。

古代・中世の日本は中国などへ金を輸出した（第1章）。しかし一六世紀後半には、金は

天正大判

増産されたが、中国やフィリピンなどから輸入もするようになった。次に述べる日本での銀安と、中国や東南アジアでの金安・銀高が、日本による銀輸出・金輸入を促したためである。日本はずっと金を輸出し続けてきたかのように思われているフシがあるが、輸出がそれなりにあったのは古代・中世と、後に述べるように江戸時代の一時期のことである。

石見銀山の世界史的意義

次に銀である。第1章で述べたように、銀は古代以来一五世紀まで、輸入品だった。一六世紀に輸出品に転じ、さらには通貨として使われるようになる。

まず輸出品に転じる経緯である。一六世紀は地球規模、具体的にはドイツなど中央ヨーロッパ、南米、そして日本で銀の大増産、すなわちシルバーラッシュが起こった。

その代表例が世界遺産の石見銀山《いわみ》（島根県）である。一五二〇年代、博多商人と石見の隣国である出雲《いずも》（島根県）の銅山経営者との協力により開発された。博多商人が関わった背景として、①出雲は当時の日本の主な輸出品だった銅・鉄の産地だった。以前から博多商人は出雲に銅・鉄を仕入れに来ており、当地とコネクションがあった。②砂金の採集と異なり、鉱山の開発は設備や労働者の調達など初期投資が多額であり、それだけの資本を提供できる主体、つまり大規模商人が関わらないと難しかった。

このころ、生産技術の革新もあった。例えば灰吹法《はいふき》という、精錬の最終過程で銀・鉛の化合物から鉛を除く技術がある。朝鮮半島から伝わったといわれる。石見銀山の採鉱・精錬技術は但馬《たじま》（兵庫県）の生野《いくの》銀山など他の地域へも伝わっていった。

結果、日本で銀の供給量が増えた。すると銀の価格が下がった。同時期の日本では金も増産されていたので、金の価格も下がった。しかし銀の増産率の方が大きかったため、価格の下落率は銀の方が大きかった。対して中国はというと、一五世紀に税の銀納制を導入して以来（第1章）、銀の需要が増えていたため、銀高傾向にあった。結果、一六世紀後半には日本と中国とで金・銀比価（質量ベース）が逆転した。これまで銀輸入・金輸出国だった日本は中国や朝鮮への銀輸出国に転じ、金を輸入するようにもなった。

通説では一五四三年とされる鉄砲伝来や、一五四九年のキリスト教宣教師ザビエル来日が象徴するように、このころヨーロッパの商人や使節が来日し始める。これは銀を求めてのことだった。ヨーロッパ諸国は絹織物など中国の物産を求めて東・東南アジア市場に参入した。ここでの貿易通貨は銀だった。中国が銀を求めたからである。ヨーロッパ勢力は手近な銀の調達元として日本に注目する。ザビエルが山口で布教を重点的に行ったのは、山口に本拠を置き石見銀山を領有していた大内氏とコネをつくるためという、宣教師たちの戦略があった。

銭のところで述べたように、一五六七年に明政府は海禁を緩めたが、倭寇を嫌い、日本への渡航は禁じ続けた。一五七〇年にポルトガル商人が長崎に来航し、マカオとの定期航路を開く。これにより、中国への日本銀の輸出は主にポルトガル商人が担うことになる。

一方、ポルトガルのライバルであるスペインが翌七一年、フィリピンにマニラを建設し、メキシコ西岸のアカプルコとを結ぶ、太平洋定期航路を開いた。これにより南米銀がマニラ・福建経由で中国へ入るようになる。銭のところで述べた、一五七〇年代に福建が銀単位経済へ転じた理由がこれである。

結果、日本銀と南米銀とが競合した。一五七〇年代に日本は東南アジアから南米銀を輸入することさえあった。一七世紀初頭には南米銀の入り口であるはずのマニラの現地政府が日本銀を通貨に採用することを検討した。日本銀と南米銀の供給の具合や価格変動を見て、人々は敏感に反応したようだ。

なお太平洋航路が開かれたことで、アメリカ大陸と東アジアが直結した。すでに存在した大西洋航路・インド洋航路に加え、ユーラシア・アフリカ・アメリカ大陸相互が三つの大洋を介して交流するようになった。経済のグローバル化の一つの画期である。交流をつないだのが中国の物産と銀だった。そしてその銀の主な供給元の一つが、日本の石見銀山だった。石見銀山は単に古い銀山であるというだけでなく、その銀が世界経済史を動かした。だから世界遺産に登録されるに値するといえよう。

国内での銀貨使用

日本国内に目を転じると、石見銀山などが開発された一六世紀前半には、銀の流通の記録は目立たない。銀がもっぱら輸出されたためである。

その後一六世紀後半になると、通貨としての銀の使用が見られるようになる。一五五〇年代末には博多で、一五六〇年代には中国地方、京都など畿内諸都市、伊勢（三重県）で納税・贈与の支払いや主に高額商品の交換手段に使われるようになる。貿易都市である博多から東へ向かって流通が拡大していったわけだ。信長・秀吉が活躍した一五七〇～九〇年代には京都で交換手段としての使用が頻繁に見られるようになり、入れ替わりに金貨を使う例が減っていく。近江・紀伊・播磨《はりま》（兵庫県）など畿内周辺の諸国でも使用が見られるようになる。便宜上、ここから銀貨の語を使う。古代の無文銀銭・和同開珎銀銭以来、ひさびさに銀貨の使用が再開した。

一六世紀後半、とくに九〇年代の日本で銀貨の使用が広まったのは、一つには、南米銀がアジア市場へ流入してシェアを奪われた日本銀が国内にとどまったという、国際要因がある。また、政治権力が財政支出に使ったという、国内要因もある。例えば一五六〇年代、中国地方の大名で、石見銀山を支配していた毛利《もうり》氏は、兵糧《ひょうろう》を調達するため銀貨を使った。その後、毛利氏の領国では年貢の支払いなどでも銀貨が使われるようになる。

銀貨は単位質量あたりで銭より価値が高いものの、金ほど高くなく、庶民も使うことができた。悪銭の授受をめぐるトラブルが頻発して人々が銭の使用そのものを嫌うようになり、代わりに銀貨を使うようになった、という事情もあった。なお地域的には主に西日本で流通した。当地に銀山や貿易港が多く、銀に接する機会が東日本より多かったためである。

このころの銀貨は金貨と同じく秤量貨幣であり、銀の含有率もさまざまだった。金貨と同じく、秤量と含有率鑑定の手間があったため、通貨として普及しにくかった。

これに対応すべく、規格化される方向性もあった。一五七〇年代の京都では一枚で質量一「枚」の板状の銀塊が使われていた。質量が規格化されている点で、金貨と同じく、計数貨幣へ近づいている。また金屋が登場したことと同様に、一五八〇年代ごろ、銀屋（銀商人）が登場する。彼らは含有率を保証するため、銀塊に刻印を施した。これが取引ごとに含有率を鑑定する手間を省き、通貨として銀塊を使いやすくした。

このように、一六世紀後半には銀貨の使用も広まった。額面が相対的に小さかったため、庶民にも使われたところが、金貨との違いである。

近世的政策の始まり

次に、三貨制度の成立に至る、政策の歴史を見る。

金貨・銀貨・銭の比価を政府側が法で定義した初めての例が、一六世紀前半と思われる、春日《かすが》大社による、食糧売買価格を管理する法である。この法は春日大社の単なる内規ではなく、当時支配していた奈良を対象にしている。この法の中で、金一両＝銀一〇両＝銭二貫文の比価が示されている。三貨の比価を定義した点で、江戸幕府の政策の先駆けである。ただし江戸幕府の法との違いもある。まず金貨・銀貨それぞれの金・銀含有率の定義がない。また、「これまで通り一貫文の商品は一貫文で売買し、その価格を変えるな」と付記し、一貫文という相対的に高額な価格を銭単位で示している。後に述べるが、江戸時代では一部の地域を除いて高額取引の価値尺度に金貨・銀貨単位を使ったことと対照的である。

次に注目すべきが、一五六六年の近江の大名・浅井長政《あざいながまさ》の撰銭令である。破銭《われぜに》と無文銭以外はすべて基準銭として等価で使え、と布告した。従来の撰銭令は、排除対象の銭種、排除対象外だが使用を制限する銭種、排除対象外で使用を制限しない銭種、の三種に分けるものが多い。一方で本法は、排除対象と対象外との二種にのみ分け、特定の低品質銭以外すべてを等価で通用させた。銭が不足していたので、従来であれば排除の対象となった銭も使わざるをえなくなったことによるらしい。

本法は、等価値使用原則が復活したことを意味するだけでなく、特定の銭以外をすべて等価とする。これは後の信長・秀吉・徳川家康《とくがわいえやす》の政策と共通する。つまり本法は近世の銭政策を先取りした、銭政策の歴史を画するものである。以下、信長・秀吉・家康の政策について語るにあたり、しばしば本法に触れる。

信長、最初の通貨政策

一五六八年、織田信長は足利義昭《あしかがよしあき》を擁して京都を制圧した。この後、統一戦争が進む。信長の通貨政策にも、江戸幕府の制度への接近が見られる。信長の通貨政策の最初のものが、一五六九年に京都をはじめ畿内で広く布告した法である。趣旨は、①金一両＝銀七・五両＝銭一・五貫文とする、②銭を、基準銭、基準銭の一／二、一／五、一／一〇に減価される銭、排除対象の銭、これら五種に分ける、③通貨としての米の使用を禁じる、の三つである。

まず①について。三貨の比価を法で定義する点で、先の春日大社の法と同じく、三貨制度の先駆けである。春日大社の法は地域限定のものだったが、本法は統一戦争を始めた信長が、国単位を越えて支配地域に広く布告した点で異なる。

本法は、金貨と銀貨は一定数量以上の生糸など輸入品の取引でのみ使え、とし、小額取引では銭を使うよう命じた。つまり金貨・銀貨の使用を制限している。金貨・銀貨の品質などの定義もない。これらの点は江戸幕府の政策と異なる。

次に②について。背景に、一五六〇年代末から銭の輸入が減った一方で通貨需要が増え、銭が不足していたことがある。そのため従来であれば排除された銭を、一枚一文とまではいかないまでも一文未満で、すなわち減価銭として使うことを認めた。

注目すべきが、無文銭一枚を一／一〇文とする規定である。実は、一五世紀末から一六世紀にかけて室町幕府や大名らは、国産銭と同じく、無文銭の使用も禁じた。無文銭の通用を明確に認める法は日本史上、信長のこの法が唯一である。無文銭の通用を認めざるをえないほどにまで銭が不足していたわけである。その他の減価銭に関する規定も当時の社会慣行を追認したものらしい。

次に③について。銭が不足したため、銭以外のものを交換手段に使う頻度が社会で高まっていたことが背景にある。例えば一六世紀後半の奈良では米や豆などが使われた。同時期の京都などで金貨・銀貨の使用が広まるのも、銭以外のものを使う点で共通する。一〇世紀に朝廷が銭を製造しなくなり、その後米や絹布の使用が目立つようになったことと似ている。なぜ信長は米の使用を禁じたのか。通貨の素材が通貨以外にも使える場合、通貨以外の用途への需要が増えると、その用途で消費され、通貨としての供給が下押しされる（第1章）。

米の場合、例えば飢饉や戦争が起こると、通貨としても食糧としても供給が不足しかねない。実際、本法の布告の前年に信長軍が上洛し、布告のころから義昭の城を建て始めた。そのため京都で兵や労働者が増え、食糧需要が増えていた。そこで信長は交換手段に米を使うことを禁じたわけである。ちなみに本法の布告後も京都への米の供給は不足した。そのため本法の同年、米商人を含む京都の住民が、京都へ米を供給するよう信長へ請願している。

信長は通貨として米を使うことを禁じたが、人々は従わなかった。一五七〇年代には、米を、交換手段だけでなく、商取引などでの価値尺度にも使うようになる。背景には、階層化して評価が多様化した銭よりも、使用価値が比較的均質な米は価値尺度に使いやすい、という事情がある。また、従来は「一合」の定義が地域などにより異なったが、信長は京枡《きょうます》（このころ京都を中心に使われた枡）を基準枡に採用した。これにより、一合といえば京枡で一合、という社会通念が成立した。結果、本法を布告したときの信長の意図とは裏腹に、米による取引が円滑にできるようになった。

「一合」の定義が統一されると、価値尺度として米がさらに使いやすくなった。一五七〇年代、信長政権は家臣の領地の評価額（軍事上の負担基準）や農民への課税基準額を米単位で示す、石高制を導入する。価値尺度として米を使う社会慣行を背景に、信長政権も価値尺度に採用したわけである。

なおこのころ通貨として銭を使わなくなったわけではない。事例の数は減るものの、銭も交換手段や価値尺度として使われ続けた。

振り返るに、①は春日大社の法と同じく三貨制度の先駆けである。②は慣行の追認であり、③は食糧問題への対応だった。信長のリアリストとしての側面がかいま見える。

減価銭が基準銭に、基準銭が計算貨幣に

その後、信長政権は銭政策を転換する。

一五七三年、足利義昭は京都を追放され、室町幕府が事実上滅びる。一五七五年、信長は越前を再占領し、家臣である柴田勝家《しばたかついえ》に支配を委ねた。翌七六年、勝家は越前で、①勝家が村々へ派遣した使者の接待費を「並銭《なみぜに》」単位で定め、②納税額は従来の基準銭単位で定めたまま、並銭一枚を一/三文に換算して支払え、と命じた。

①について。並銭は次銭《なみ》・悪銭とも記され、越前で一五六〇年代末から確認できる、社会慣行により一枚で一/三文とされていた減価銭である。次に述べる、ビタを指すとも考えられる。費用の単位が並銭ということは、この条項では並銭をもって一枚=一文の銭(基準銭)にしている。一方で②の基準銭は従来の基準銭だがあくまで計算単位としてのみ使われており、実際に授受される銭は減価銭が想定されている。なおこういった、価値尺度として

のみ使われ、必ずしも現物が実在しない貨幣を、計算貨幣という。

従来の減価銭を基準銭にする政策は信長以外の大名も行った。例えば毛利氏は一五六〇年代に「南京《なんきん》」（中国産模造銭か）を、一五八〇年代に「鍛《ちゃん》」（内実不詳）を基準銭に採用した。しかし毛利氏の領内では別種の減価銭も基準銭に使われていた。つまり減価銭の基準銭化が社会でも進んでいたが、毛利氏が定めた基準銭には統一されなかった。

減価銭が基準銭化したのは、従来の基準銭が希少化し、かつ銭全体の供給が不足し、減価銭の価値が上がったからである。そのため減価銭は価値蓄蔵の対象として埋められるようにもなる。

一五六九年の信長の法では、減価銭のカテゴリが複数あった。一方勝家の法では、減価銭は一種類（並銭）だけである。つまり階層が収斂《しゅうれん》している。留意すべきが、特定の銭種を一／三文へ減価したり、旧来の基準銭を計算貨幣として使うことが、社会慣行として信長の政策より先にあった点である。本法は信長政権による一方的な押しつけでなく、社会慣行の採用という面があった。

ビタの基準銭化

次に信長は江戸幕府の銭政策に直結する政策を行う。一五八〇年のものと推定されている、但馬出兵時に信長方の軍隊が宿泊所に支払う費用を、人一人ビタ五文と、ビタ単位で定めた法である。発令したのは前線指揮官の羽柴秀長《はしばひでなが》（秀吉の弟）である。

ビタとは、従来の基準銭以外を指し、当時、はたかけ（端が欠損）・ひらめ（無文銭）・ころ（加治木産模造洪武通宝）・へいら（仕上がりが粗末な銭）を除いた残りが一般に通用した。従来の基準銭はこのころ流通がなくなっていたので、実質的に破損銭など特定の低品質銭以外すべてである。ころを除くと、銭文や、輸入銭か国産銭であるかを問わない。

ビタの初見は一五七二年の伊勢である。その後、信長政権期（一五八二年まで）では志摩《しま》（三重県）・尾張《おわり》（愛知県）や畿内近国といった信長領国に加え、安芸《あき》（広島県）・土佐《とさ》（高知県）・九州など、信長の支配領域以外でも見え、秀吉政権期（一五八二年以降）には北陸・東海・関東・東北でも見える。おおまかには流通地域が畿内とその近国から全国へ広がっていった。

登場した当初のビタは減価銭だった。その後、先に見た並銭と同様に、一五七〇年代後半の京都や堺をはじめとして、社会で慣行的に基準銭として使われるようになった。ビタが基準銭化したのは、他の減価銭が基準銭化していった理由と同じく、従来の基準銭の供給量が減ったことによる。

さて本法は価格をビタ単位で定義している。言い換えればビタを基準銭にしている。ビタが政策的に基準銭に採用された初の事例である。ビタとは実質的に、一部の低品質銭を除いたものすべてなので、排除対象の銭以外すべてが等価通用となる。つまり本法は銭の階層性を法的になくし、等価値使用原則を復活させたことを意味する。

後に述べるが、江戸幕府は成立当初にビタを基準銭とし、寛永通宝を発行した際にはビタと等価で交換した。だからビタを基準銭とする本法は、江戸幕府の銭政策の先駆けといえる。「ビタ一文」の慣用句のごとく、ビタといえば価値がとても低いもの、というイメージがある。だが、ビタの価値がこの後下がるのは一七世紀に寛永通宝が登場した後のことであり、信長政権の時期から江戸開幕の当初はそうではない。

ここでも、ビタを基準銭とする社会慣行が信長の政策より先に存在した点に留意すべきである。つまり本法も、社会慣行を政策で採用したものという色合いが濃い。

本法の少し後、村落も自治法でビタを基準銭に採用するようになる。一五八二年、志那惣《しなそう》（滋賀県草津《くさつ》市。惣とは村落の自治組織のこと）は、惣の神社の竹・木を勝手に切った者への罰金を、ビタで五〇〇文、とビタ単位で定めた。これもビタを使う社会慣行が背景にあった。信長がビタ基準銭化政策を強制したからではない。

以上、信長の通貨政策を見てきた。要点は、①金貨・銀貨・銭の三貨の比価を法で定義した、②銭について当初は階層的な使用を認めていたが、最終的にはビタを基準銭にするに至った、以上の二つである。この方向性が江戸幕府に受け継がれることになる。信長は近世のパイオニアか中世最後の覇者か、という議論があるが、こと通貨については近世を先取りしていた。

秀吉の継承と転換

一五八二年、信長は本能寺で落命し、その直後、秀吉は明智光秀《あけちみつひで》を山崎《やまざき》（京都府）の合戦で打倒する。

秀吉政権による最初の通貨政策は、同年にその山崎で布告された。南京と無文銭以外を排除することを禁じ、この二種以外の銭をすべて一枚＝一／三文とする、という法である。同法は京都・堺・河内《かわち》（大阪府）でも施行され、また同様の法を同年、当時大和《やまと》（奈良県）を支配していた筒井順慶《つついじゅんけい》も奈良で布告した。つまり畿内で広く実施された。

本法は南京・無文銭といった特定の低品質銭以外すべてを通用させる、としている。「特定の低品質銭以外すべて」というのは、浅井長政が定義した基準銭と、ビタの定義に通じる。一枚＝一／三文とする定義は、一五七〇年代後半の信長政権の政策と共通する。排除対象の銭以外すべてが一枚＝一／三文通用なので、実際に授受される銭はすべて等価である。等価値使用原則を示す点で、一五八〇年の信長政権の政策と共通する。以上の点で浅井長政と信長の政策を継承している。

授受される銭がすべて一枚＝一／三文ということは、基準銭は計算貨幣化し、授受は行われない。とはいえ、基準銭はあくまで従来のものとなる。減価銭が基準銭に昇格していない点では、反動的な政策である。

さかのぼるが、信長は、京都で悪銭を売買した商人団体（悪銭座）に対し、その特権を認めた。秀吉は、柴田勝家を打倒し越前を占領した一五八三年、それを追認した。信長が特権を与えた時期は不詳であるが、ともかく秀吉はその政策を継承した。

秀吉は、独自の銭政策も行っている。

一五八四年、小牧《こまき》・長久手《ながくて》（愛知県）の合戦をはじめ、東海地方で織田信雄《のぶかつ》（信長次男）・徳川家康陣営と交戦していたころ、近江長浜《ながはま》で、町人が銭を製造することを禁じた。秀吉政権が銭製造の許可権を持つ、との宣言である。従来黙認されてきた銭の私造が、規制される方向へついに転換した。

一五九〇年、秀吉は関東一円を支配していた後北条《ごほうじょう》氏を屈服させた後、天下統一の総まとめとして東北に進軍し、当地の諸大名へ数々の命令をした。その中で、明銭である永楽通宝一＝ビタ三、金一両＝ビタ二貫文、との比価を定めた。

永楽通宝は、なぜか関東で好まれ、ときには一枚一文を超える価値が与えられた。関東で流通した永楽通宝は、価値が関東で高く西日本で安かったため西日本から移入されたものとする説や、主に国産の模造銭であるとする説がある。

秀吉は、東西日本で評価が異なっていた永楽通宝とビタとの比価を定めたわけだが、これは秀吉のオリジナルではない。一五八〇年代、家康領国の遠江《とおとうみ》（静岡県）で、納税に関し永楽通宝一＝ビタ四とされた。なお実際の納税はビタで支払われ、永楽通宝は計算貨幣化していた。当地で永楽通宝の現物が希少になっていたからである。

関東でも一六世紀後半に永楽通宝は不足していた。後北条氏は秀吉に敗北する前の一五八一年に、納税基準額を銭単位で定め、相当額を米・金・永楽通宝・絹布などを有り合わせて支払うよう命じた。永楽通宝のみでの収税を想定していないのは、ここでも永楽通宝の現物が希少になっていたためである。

秀吉の法は、関東で計算貨幣化しつつあった永楽通宝と、畿内で基準銭化しつつあったビタとを結合した点、つまり通貨秩序の全国的な統合を試みた点で、江戸幕府の通貨政策の先駆けである。遅くともこのころ以後、秀吉はビタを基準銭にした。基準銭を永楽通宝でなくビタにした点は、信長の政策を継承している。

金・銀統制と朝鮮出兵

黄金の茶室をつくったり、大名らへ金・銀を大量に与えたことなど、秀吉は金・銀をふんだんに使ったことが知られる。金貨・銀貨に関する秀吉の主な政策が、①豊臣政権による金山・銀山の独占、②大黒常是座《だいこくじょうぜざ》の設定、③後藤家による大判製造の独占、である。

まず①である。秀吉は東北を制圧し天下統一を達成した一五九〇年、諸国の金山を豊臣政権の所有とする、と宣言した。また諸国の金山・銀山で生産した金・銀の一部を納めさせた。信長は例えば但馬生野銀山を領有していたが、領内の金銀山を独占する、という態度は示していない。これと対照的である。ただし秀吉は大名による経営自体は否定していない。金山所有宣言は政治的デモンストレーションの意味も強い。

①により、鉱山の開発を進め、金・銀が豊臣政権に集中する体制を整えた。一五九二年に始まった朝鮮出兵の軍事費に使うことが主な目的である。当時金・銀が増産されたのは、統一政権が成立して大規模な投資ができるようになった、という背景もあった。なおこのころ豊臣政権は奈良などの町人へ米や金などを強制的に貸しつけ、利子を金や銀で支払わせることで、金・銀を収奪したりもした。

次に②である。一五九四年、堺などの銀製錬業者を大坂に集め、大黒常是を中心に常是座という組織をつくらせ、銀貨を製造させた。

この背景にも朝鮮出兵がある。秀吉政権は国内での兵糧調達、鉛（弾丸の原料）・硝石《しょうせき》（火

博多御公用銀

薬の原料）などの輸入、朝鮮半島での軍事費の支出に銀貨を使った。実際、朝鮮出兵時である「文禄《ぶんろく》二」（一五九三年）と「博多御公用《ごくよう》」の刻印があるナマコ型の銀塊（丁銀《ちょうぎん》）が残されている（博多御公用銀）。世界史上しばしば起こった、戦争に際し通貨制度が整備された現象の一つである。朝鮮王朝を支援した明も軍事費を銀貨で支出した。結果、朝鮮出兵があった一六世紀末から一七世紀初めにかけて、朝鮮半島を含む東アジア一帯で、世界的に珍しい、秤量銀貨の使用が広がった。

なお丁銀は秤量貨幣なので、必要な質量にするため、切って使われる場合があった。だからどこで切ってもいいように、丁銀にはいたるところに銀含有率を保証するための刻印が打たれている。このスタイルは江戸幕府の銀貨も引き継ぐことになる。

国内で銀貨が普及した要因には、財政支出による供給だけでなく、流通を円滑化する社会インフラの整備もあった。例えば一五八〇〜九〇年代に近江八幡《おうみはちまん》城主・羽柴秀次《ひでつぐ》が銀屋を免税の対象とし城下へ誘致すると、近江の社会で銀貨の使用が広まった。一六世紀後半には秤量業者（計屋《はかりや》）が登場する。彼らの存在も秤量銀貨での取引を簡便化した。

最後に③である。一五九五年、天正大判をつくっていた後藤家に大判製造の独占管理を認め、豊臣政権が指定した以外の者が大判を製造することを禁じた。大判の製造を政府が管理しようとする志向である。

②③だが、先に述べたように、金商人・銀商人が刻印などを付して金貨・銀貨の品質を保証する行為は、秀吉政権が公認するより前に、社会慣行としてあった。「枚」単位で使う大判と後藤家による製造自体もこれ以前にあり、秀吉が創造したものではない。つまり大黒・後藤へ特権を与えたのは、あくまで慣行を追認したものだった。通貨に関する社会慣行の追認という、これまでもしばしば起こったことと同じ現象である。

以上述べた金貨・銀貨の発行と対照的に、秀吉は独自の銅銭を発行していない。高額通貨を優先して発行し、庶民が求める小額通貨を秀吉は供給しなかった。江戸幕府は銭を発行したが、原則としては政府側が必要とする、相対的に高額の通貨を優先して発行し続けることになる。その態度は、秀吉と江戸幕府とで共通する。

家康の金貨

大名による通貨発行を秀吉が統制した形跡はない。秀吉政権の時期に大名が発行した通貨の例に、家康の金貨がある。家康は一五九〇年から江戸を本拠としたが、後藤家が江戸に派遣した弟子・後藤光次《みつつぐ》に、一五九五年ころから金貨を製造させた。

その現存例が武蔵墨書《むさしすみがき》小判である。質量約一八グラム、金含有率約八四%（残りは銀）、表面に品質保証を示す刻印と、「壱両　光次」「武蔵」などの墨書がある。一つで一両に通用する、計数貨幣である。ただし注文生産であり、用途も大判と同様であり、一般的な通貨ではない。

武蔵墨書小判一つの金純量は約一五グラム≒四匁である。これは甲斐武田氏のもとで発行された金貨の規格を継承している。一五九〇年代末に家康は一分（＝一／四両）の額面の金貨（一分金）も発行した。これも甲斐の先例を継承したものである。家康は江戸に入る前に甲斐を領有しており、それが武田氏の金貨の規格を継承する背景になった。そして武蔵墨書小判・一分金の規格を江戸幕府の金貨が受け継ぎ、後藤光次の家系が江戸の金座《きんざ》（金貨製造所）を世襲で支配することになる。

2　江戸開幕、通貨の「天下統一」

慶長金銀

一七世紀は、江戸幕府が成立した時期であり、江戸時代の前期にあたる。農業生産と人口の爆発的拡大の時代でもある。耕地はこの世紀を通じて約一・五倍に広がった。背景に一六世紀以来の土木・農業技術の革新があった。また、寒冷化したぶん海水面が下がったので、干拓が容易になった。従来と異なり寒冷化が農業生産力を増やす結果をもたらしたわけである。人口は世紀初めには約一五〇〇万人だったが、一八世紀初めには約三一〇〇万人にまで増える。その背景には、食糧生産の増加に加え、衣・住・医療環境の向上、生涯未婚率の低下、そして平和の到来などがある。

兵農分離・農商分離を背景に、一六世紀末から一七世紀初頭にかけて各地に都市（城下《じょうか》町《まち》）が政策的に建設され、都市の生活を支える全国的物流網が形成された。都市では分業が進んでいるので、都市民は通貨で買う商品に日常生活を依存する度合いが高い。彼らへの対応が、江戸時代の通貨政策の主な課題となる。紙幅の制限上、以下、江戸の話題が中心になるが、ご了承いただきたい。

一五九八年に秀吉が没し、朝鮮半島から撤兵した。家康は一六〇〇年の関ヶ原《せきがはら》（岐阜県）の合戦で勝ち、一六〇三年に征夷大将軍になる。秀吉没後の家康の最初の通貨政策が、一六〇一年（慶長《けいちょう》六年）ころの、金貨・銀貨の発行である。その年号をとって慶長金銀と呼ぶ。なおこれ以降江戸幕府は規格を改めて金貨・銀貨をしばしば発行する。それぞれの金貨・銀貨は「年号＋金銀」の名で一般に呼ばれる。なお当時は単に「金」「銀」と呼ばれた。

まず金貨である。江戸金座の後藤家が管理するもと、慶長小判・慶長一分《いちぶ》金が製造された。慶長小判と慶長一分金をまとめて慶長金と呼ぶ。なお以下単に「年号＋金」とある場合は、特記がない限り、幕府が発行した小判・一分金のセット概念を指す。国内通貨として金貨を発行したのは、銀貨を国際通貨とする当時の東アジアの中で特殊である。

慶長小判の規格は武蔵墨書小判と似ており、一つで一両通用である。武蔵墨書小判が武田氏の金貨の規格を継承しているので、慶長小判もまたその延長にある。

しかし、墨書がなく刻印だけである点は、武蔵墨書小判と異なる。これは大量生産に向く。慶長小判を含めこれ以降の小判は注文生産でなく、通貨として使われることを想定して、個別の使用者の需要に関係なく、特定の規格で大量に製造された。その点で一六世紀までの金貨と異なる。

慶長一分金は長方形で、質量・金純量・額面が慶長小判の一／四である。一五九〇年代に家康が発行した一分金と同様である。

慶長金をはじめ、これ以後江戸幕府が発行する金貨はすべて計数貨幣である。また、一両未満の額面の金貨は原則としてすべて縦長の長方形である。

次に銀貨である。一六〇一年ごろ、家康は各種の銀貨のうち大黒常是のものを採用し、彼を銀座《ぎんざ》（銀貨製造所）の製造管理者とした。

家康は大黒の管理のもとで慶長丁銀・慶長小玉銀《こだまぎん》を製造させた。慶長丁銀と慶長小玉銀とをまとめて慶長銀と呼ぶ。なお以下単に「年号＋銀」とある場合は、幕府が発行した丁銀・

慶長小判

慶長一分金

小玉銀のセット概念を指す。丁銀・小玉銀は江戸時代を通じて秤量貨幣である。慶長銀の銀含有率は約八〇%（残りはほぼ銅）である。

丁銀の現物の質量は一定でないが、一つで約四三匁（＝一枚≒一六〇グラム）との規格があるにはあったらしい。一つで質量を一枚にした背景には、「枚」単位の銀貨を使う一六世紀後半の社会慣行がある。当時の金・銀比価で金貨一両（小判一枚）と等価である。つまり、秤量貨幣ではあるが、計数貨幣に近い性格も持つ。

小玉銀（通称豆板《まめいた》銀）は丁銀より質量が小さい。形は雑多だが、円形が多い。小額の支払いや端数を調整するために使った。

一六世紀の丁銀が切って使われることがあったと秀吉のところで述べたが、慶長丁銀も同様だった。しかし小玉銀が普及し、幕府が丁銀の切断を禁じ、一定の質量の銀貨を紙で包んで銀座や両替商が封印した状態で流通するようになると、切って使われなくなる。

切断された慶長丁銀

なお金貨も包封されることがあった。包封されているものの方が信用が高く、幕府への上納には包封されたものを使うこととされ、開封は原則として禁じられた。現物の確認を必ずしも重視しないのは、世界史的に珍しい。現物そのものより包封の状態を優先する点で、素材価値に関係なく、表示された額面で使う通貨、つまり名目貨幣に近い使い方である。

慶長金銀の発行は、幕府による金山・銀山そして金・銀地金の管理の強化が背景にあった。関ヶ原合戦の直後、家康は敵方だった毛利氏領の石見銀山を接収したのをはじめ、佐渡《さど》（新潟県）・伊豆《いず》（静岡県）・但馬生野など国内の主要な金山・銀山の所在地を直轄地にした。秀吉の政策の延長である。一六〇九年には諸国での金貨・銀貨の製錬・偽造と、銀含有率が低い銀地金の製造を禁じた。

慶長金銀は常設機関が大量かつ継続的に製造した点で、一六世紀の金貨・銀貨と異なる。とはいえ、秀吉が大判製造の特権を与えた後藤家の別家が金座支配を、秀吉にも登用された大黒家が銀座の製造管理業務を、この後世襲する。大黒の採用にあたっては他の銀屋との選抜があったものの、彼らを登用した点で、結果として秀吉の政策を継承している。そしてそもそもは秀吉の政策も一六世紀の社会慣行を採用したものだった。だから江戸時代の金座・銀座による金貨・銀貨製造システムは、一六世紀の社会慣行の延長にある。慶長金銀の発行が財政需要に基づく点や、慶長金銀を発行した時点で銭を発行していない点も、秀吉政権のときと同様である。この後も江戸幕府の造幣事業は庶民の通貨需要への対応を必ずしも目的にしなかった。

蛇足だが、日本屈指の繁華街、東京都中央区銀座に江戸幕府の銀座があったことはよく知られる。金座の跡地はというと、紆余曲折《うよきょくせつ》あって現在、日本銀行本店が建っている。

領国貨幣

江戸幕府は慶長金銀で金貨・銀貨を統合するべく、流通を促した。例えば一六一一年に京都で灰吹銀（灰吹法でつくられた銀塊一般。ただし慶長銀以外）の使用を禁じ、その後灰吹銀を回収し銀貨を慶長銀に統合しようとした。金座・銀座の製造独占の特権を守るためである。また、貿易の支払いに使われる銀貨の製造を独占し、ひいては貿易そのものを独占的に管理する、という構想もあった。

このころ以後、例えば近江など三都（江戸・京都・大坂）以外でも丁銀の使用が広まるものの、慶長金銀が発行後すぐに全国に広まったわけではなかった。理屈としては、江戸や大坂など幕府直轄都市で財政支出を慶長金銀で行い、これら都市の人々が地方から商品を買うことで慶長金銀が地方へ移動するはずである。しかし、そういった商品流通が活発でない段階では、地方へ慶長金銀は広まりにくかった。

また一七世紀のとくに前半に諸藩は、必ずしも幕府の許可を得ずに独自の金属通貨を発行した。これを領国貨幣という。金沢《かなざわ》藩の金貨・銀貨や、小倉《こくら》藩（細川家）の銭などがある。全国的には銀貨が多く、銭は寛永通宝発行の前のものが主であり、西日本に多い。一六三〇年代の小倉藩主細川忠利《ただとし》の父・忠興《ただおき》は、領内の通貨を統制する権限は藩にある、という意識を持っていた。

余談だが、細川忠利は銭を製造する際に、古びたように加工するよう命じた。新しい銭なのになぜそんなことをわざわざさせたかというと、古い銭こそ信用が高かったからである。どういうことかというと、新しくてピカピカしている→使われたことがない→ということは受け取られた実績がない→次に受け取ってもらえないかもしれない→だから受け取ると損するかもしれない。逆に使い古された銭は、これまで使われている→次も受け取ってもらえるだろう→だから受け取っても問題ない、という発想である。劣化しすぎた銭が撰銭されるのは仕方ないとして、きれいすぎてもダメだったようだ。

領国貨幣の通用は領内限りが原則だが、現実には領外でも流通した。民間も金・銀地金を製造し、これが通貨として各地で使われた。慶長金銀だけでは社会の金貨・銀貨への需要を満たせなかったからである。

実際のところ、将軍家の家計でさえも慶長金銀以外の金貨・銀貨を使っていた。一六一六年に家康が没した際、御三家（二代将軍秀忠《ひでただ》以外の三人の子の家）へ遺産が分与された。その中には後藤・大黒の金貨・銀貨に加え、甲州金《こうしゅう》（一六世紀後半以降に甲斐で製造された金貨）や灰吹銀もあった。家康は慶長金銀以外の金貨・銀貨も蓄蔵していたわけだ。

金貨・銀貨が全国で一様に使われたわけでもなかった。江戸時代を通じた通貨使用の慣行を指して、「東の金遣《づか》い・西の銀遣い」という。高額取引や紙幣（後述）の額面などの価値尺度に使う単位の地域差を指す。おおまかには江戸など東日本では金貨を、上方《かみがた》（京都・大坂など）をはじめ西日本では銀貨を使った。これが明治維新まで続く。

東日本が金遣いであるのは、金山が多いこと、徳川氏が開幕前に甲斐の金貨制度を継承したこと、貿易にあまり関わらないので貿易通貨である銀貨への需要が少ないこと、などによる。西日本が銀遣いであるのは、銀山が多いこと、一六世紀以来慣行として銀貨を使っていたこと、貿易通貨としての需要があること、などによる。江戸・上方という地理的に離れた二大市場で基準通貨が異なったことは、異種通貨の交換業、すなわち両替商を発達させた。

金・銀・ビタの比価を法定

慶長金銀を発行した段階で幕府は銭を発行しなかった。家康はビタを基準銭に採用する道を選んだ。

その点で注目すべきが一六〇八、〇九年の法であり、これが三貨制度の成立過程で画期をなす。趣旨は、①慶長金一両＝慶長銀五〇匁＝永楽通宝一貫文＝ビタ四貫文とする、②永楽通宝の通用を停止する、③鉛銭・大破・かたなし銭（形状不全銭）・へいら銭・新銭（新しい民間国産銭）の使用を禁じ、それら以外すべてをビタと定義する、の三つである。またビタは「京銭《きょうせん》」とも表現されている。ビタが京都を含む上方の基準銭だったことを反映する、東日本側からの呼び名である。以上に基づき納税と商取引を行え、と布告した。

規定を個別に見てみよう。まず①。金・銀比価は、金・銀純量の質量ベースで慶長金一＝慶長銀一〇となる。一六世紀第4四半期以降の国内市価を反映している。

慶長金の最小単位である一分金は、①の基準でビタ一貫文に相当する。本法が布告されたころの京都の建築技術職の一日あたり賃金が銀一匁程度で、①の基準で換算してビタ八〇文である。だから金貨は庶民が使うものではない。金遣い圏の庶民がもっぱら使った通貨は、この後もずっと銭だった。銀貨は一匁＝銭八〇文と相対的に小額であり、かつ秤量貨幣なので、端数額でも使える。そのため銀貨は金貨と異なり、日常取引にも使われた。一五六九年の信長の法と異なり、本法は金貨・銀貨の通用を制限していない。近代的な表現をすれば、金貨・銀貨が無制限法貨（金額に制限なく強制通用力が法により与えられたもの）になった。

なお①はあくまで法定比価であり、両替商相場など市価が別に立った。幕府は商取引などで金貨・銀貨が市価で使われることを必ずしも禁じなかった。

次に②について。背景には、一六世紀後半以来、永楽通宝の現物が希少になり、計算貨幣化していたことがある。①の金貨一両＝永楽通宝一貫文という比価が計算に便利であることもあり、課税基準額の計算貨幣として永楽通宝をその後も使い続ける地域があった。また銭一般を指して「永楽」と呼ぶ慣習も東日本で続く。

最後に③について。②とあわせ、ビタを基準銭として、基準銭の東西差をなくす点で信長・秀吉の政策の延長にある。先に述べたように、彼らの政策は社会のビタが基準銭化していたことを追認したものだった。だからこの家康の政策もその延長にある。なお、特定の低品質銭以外すべて、というビタの定義は、浅井長政による基準銭の定義と共通する。江戸幕府の基準銭政策は、浅井長政の法まで系譜をさかのぼることができる。

本法以後、ビタの基準銭化がさらに進んだ。例えば家康政権は街道にある宿と宿の間の荷物運送料を定めたが、一六〇二年の段階では、ビタ単位で定めた東限が遠江であり、これより東と信濃《しなの》（長野県）・美濃では永楽通宝単位で示した。ここで銭の使用慣行が東西に分かれていた。その後、一六一一年の同じ趣旨の法では信濃・江戸でもビタ単位で定められた。つまり基準銭にビタを使う地域が東に広がった。東日本の大名もビタを使うようになる。例えば一六一〇年代に、会津藩主である蒲生《がもう》家が、その出自地である近江の神社へビタを寄進している。

また本法以後、ビタ自体の統合が進む。実は一六世紀末以来、社会慣行では、ビタの内部で階層化し、各階層ごとに市価が立った。例えば京都など畿内とその周辺や四国ではビタのうち上層のものが上銭と呼ばれ、それより下層の中銭・下銭という銭種は減価されて使われた。対して、一六一〇〜二〇年代の彦根藩《ひこね》は上銭・中銭・下銭を等価とし、「上銭」として会計を処理している。ビタは社会慣行では階層化していたが、彦根藩の経理では、すべて等価とする幕府法に準拠したわけだ。なおこのころの彦根藩は幕府の金貨・銀貨の統合政策に準拠し、慶長金銀を基準金貨・銀貨としている。さすが一六世紀以来徳川家に仕えていた譜代・井伊《いい》家のきまじめな態度といえようか。

本法の対象は関東の幕府領限定である。しかし建前にせよ納税・商取引を問わず、政府が発行を管理する基準金貨・銀貨、そして政府が定義する基準銭の相互の比価を定め、通貨の地域差と階層差をなくそうとしている。本法により、金貨・銀貨・銭という三種類の通貨の規格と相互の比価を政府側が定義し、併用するシステムが確立する。三貨制度の形成過程の画期となる政策だった。法で一定質量の金属をもって通貨単位を定義するしくみを本位貨幣制度という。本法により、金貨・銀貨（慶長金銀）を本位貨幣とし、相互の比価を法で定義するしくみ、すなわち金銀複本位制に近いシステムが成立した。

ビタの後継者、寛永通宝

一六一五年の大坂夏の陣で豊臣氏が滅び、翌一六年に家康が没した。一六三二年には秀忠が没した。秀忠の子・家光《いえみつ》は一六二三年に三代将軍になっていたが、自身が政治を主導するようになるのは秀忠の没後からである。一六三五年に日本人の国外渡航と帰国を禁じ、一六三七年に島原天草一揆《しまばらあまくさいっき》（長崎県・熊本県で起きたキリスト教徒らによる反乱）が起こり、一六三九年にポルトガルとの通商を断った。いわゆる鎖国の完成である。

寛永通宝の製造は、これらと同じころ、一六三六年（寛永一三年）に始まった。これで幕府が三貨の供給を管理する体制が整う。中央政府による銭の発行は古代以来である。

このとき発行された寛永通宝は青銅製である。額面の表記はないが、一枚で一文である。「寛永」という、日本年号を銭銘に使っている。実は、この前にも日本年号を持つ銅銭を民間が製造していた。慶長通宝《けいちょうつうほう》という。慶長は一五九六年から一六一五年、つまり秀吉の晩年から大坂夏の陣の年までの年号である。一六〇九年の法が通用を禁じた「新銭」の一つらしい。日本年号の意匠は、従来の国産銭が主に中国銭の模造または無文だったことと対照的に、中国の銭秩序からの離脱を明確に主張するものである。

一六四四年に寛永から正保《しょうほう》に改元するが、その後も幕末まで寛永通宝の製造が続く。一八世紀には額面が一文でなく青銅製でない寛永通宝が登場する（第3章）が、以下特記しない限り、寛永通宝といえばこの一文銅銭を指す。

幕府が寛永通宝を発行した長期的な背景に、一六世紀後半以来の銭不足と、当時国内で起きた銅山開発ラッシュがある。短期的な背景が、一六三五年に制度化された参勤交代《さんきんこうたい》（大名が江戸在勤と領地帰還とを一定期間ごとに交互に行うこと）である。例えば武士たちが宿で食糧費や宿泊費を支払おうとする。幕府は一六二二年に一泊あたりの宿泊費を人一人四文、馬一頭八文と法定していた。宿側としては、例えば小判（法定比価で四貫文に相当）のような高額通貨を出されても、おつりとなる銭が十分になければ、受け取りたくない。第1章で述べた、一万円札で一〇〇円のおにぎりを買う話と似た状況である。とはいえ武士にとっては最初から大量の銭を持って長旅をするのは文字通りの負担になる。だから金貨や銀貨を持って出発し、行く先々で銭に両替するのが合理的である。そのためには各地の宿に十分な量の銭が供給されていなければならない。そのことが銭の発行を幕府に促した。

幕府は、寛永通宝を幕府領・藩領ともに、金貨一両＝寛永通宝四貫文＝ビタ四貫文の比価で納税等に使え、と布告した。つまり寛永通宝をビタと等価とし、基準銭とした。一六世紀後半に登場し、信長・秀吉も基準銭としたビタの価格水準が、寛永通宝に引き継がれたわけである。このように、寛永通宝は江戸幕府がゼロからつくり上げたものではなかった。なお寛永通宝発行の時点では、ビタの通用は停止されず、この後もしばらく使われ続ける。

寛永通宝一文銅銭

幕府は寛永通宝製造の請負業者の団体として、銭座《ぜにざ》をつくらせた。一六三六年に江戸や近江坂本《さかもと》（大津市）、翌三七年には仙台から豊後《ぶんご》（大分県）竹田《たけた》まで、全国各地に銭座を設置した。金座・銀座と異なり、銭座は常設ではない。幕府はその時々に請負業者を募り、期間限定で製造を委託した。民間業者がつくる点は中世の国産模造銭、とくに一六世紀の専業的な模造銭製造の延長にある。この後、幕府は銭座以外による銭の私造を禁じ、諸藩による銭の発行も幕府の許可制とした。幕府の銭に競合する銭を排除し、幕府が銭の発行権を独占するためである。

ただし実際には私造は続いた。私造銭の中で注目すべきが、一六四〇～五〇年代の伊勢で流通した鉄銭である。現在確認できる、日本で流通した最古の鉄貨である。鉄は腐食しやすく、その一方で実用性が高いので、通貨の素材に適さない。そのため、宋代の中国で発行された鉄銭などを別とすると、鉄貨は世界史上さほど例がない。一七世紀半ばの日本で鉄銭が登場したのは、そんな素材のものですら必要とされるほどに、通貨への需要が増えていたからである。

さて寛永通宝の供給が増えると、銭がだぶつき、一六四〇年ごろ以降、市価が法定比価より下がった。宿と宿との間の荷物運送料は銭単位で法定されていたので、銭安になると、宿の収入が実質的に減る。幕府にとって宿は軍隊移動と情報伝達のためのインフラである。同じころから寛永の飢饉が起こり、銭安は銭で食糧を買う都市民に不利に働いた。

そこで幕府は、宿や都市民の利益を守るために銭高へ導こうと、寛永通宝の製造をやめた。そして銭を法定価格で買い上げたり、宿へ米や金貨を貸しつけて銭で返済させる形で回収するなどした。同時期に銅の輸出が解禁された（後述）こととあわせ、今度は銭不足が起きたため、一六四〇年代後半には銭高になっていった。

以上のように、寛永通宝が発行され、普及していった。ついに政府側から小額通貨が供給されはしたが、あくまで幕府や大名の利害が前提にあり、庶民の日常取引の円滑化は第一目的でなかった。

家綱政権の管理強化

一六五一年に家光が没し、その子・家綱《いえつな》が四代将軍になる。家綱政権下では勘定奉行《かんじょうぶぎょう》（幕府の財政担当部局のトップ）が幕府領だけでなく藩領も含む経済政策を担うようになるなど、全国への支配が強まる。通貨についても、幕府が発行したものによる統合が進んだ。

金貨・銀貨についてだが、まず家綱が政権を受け継いだころの状況を確認する。一六三〇年代ごろ以降、銀の生産量が減っていった。採掘が深くなり、鉱石の搬出や排水設備の費用がかさんで製造原価が増えたのが理由の一つである。減産の一方で通貨需要は増え、後に述べるように輸出もされたため、銀貨が不足した。そのため幕府も慶長金銀以外の金貨・銀貨の流通を黙認し、領国貨幣や民間独自の金・銀地金が流通し続けていた。

しかし家綱政権はその方針を転換した。一六六〇年代、江戸で地金・スクラップの金・銀の商売を禁じ、それらを金座・銀座・両替屋で慶長金銀に交換せよ、と命じた。金貨・銀貨の素材を確保するため、金・銀の自由売買を制限したわけである。また金・銀・米・銭の相場、銀地金の通貨としての使用状況、そしてその銀含有率を全国的に調査した。幕府による通貨の現状把握と、金・銀の管理強化である。

同じころ、幕府の締めつけとは直接関係なく、地方では幕府外の金貨・銀貨が市場から消えていった。例えば金沢藩が慶長銀の通用へ移行したように、諸藩は領国貨幣の通用を停止し、幕府通貨を通用させた。各地で金・銀の生産が減ったことが一因である。また、日本海沿岸各地〜下関《しものせき》〜大坂を結ぶ西廻り《にしまわ》航路が開発されるなどして全国的な商品流通網が整備されると、藩外との取引のため、藩を越える共通通貨である慶長金銀への需要が地方で増えた。このことも、幕府外の金貨・銀貨を退場させていった。

家綱政権のもとで、寛永通宝による銭の統一も進んだ。

寛永通宝が登場すると、人々はビタを敬遠するようになった。幕府はビタと寛永通宝とを等価としていたが、人々がビタを嫌ったため、一六四〇〜五〇年代にはビタの市価は寛永通宝の一／二へ下がった。ビタは市場からも退出していく。例えば、いわゆる三途《さんず》の川の渡し賃として人々が副葬する銭（六道銭《ろくどうせん》）が、寛永通宝以外の銭（ビタ）から寛永通宝に切り替わる。ビタが流通しなくなり、人々の手元には寛永通宝しかなかったからである。

諸藩も寛永通宝を通用させた。例えば金沢藩は一六五〇年代に、小額の取引で寛永通宝を使うよう命じた。領国を越えて流通していた、品質が悪い幕府外銀貨を排除するためである。つまり領内の通貨を管理するために寛永通宝に頼った。金貨・銀貨と同じく銭も、幕府のものを使って藩の経済を統制しようとしたわけである。

寛永通宝が地方へ広まる一方で、家光のところで述べた銭高誘導政策のため、一六四〇年代後半からは銭が不足していた。そこで幕府は一六五〇年代に寛永通宝の製造を再開した。一六五七年に江戸で起きた大火（明暦《めいれき》の大火。いわゆる振袖《ふりそで》火事）からの復興事業が銭への需要を増やしたが、寛永通宝の供給が再開されたことが結果的に対応した。

一六六〇年代から八〇年代にかけても寛永通宝が追加で製造された。銅の国内生産が増えたことに加え、世紀後半には薩摩《さつま》（鹿児島県）など国内で錫の生産が始まり、青銅の素材がすべて国内で得られるようになったことが背景にある。回収したビタも素材にあてられた。

一六七〇年、幕府はビタの通用を停止し、銭は寛永通宝のみ通用を認めた。一二〜一四世紀以来、輸入銭と国産模造銭が政府の統制に関係なく流通し、日本の通貨システムを支えてきたが、一七世紀後半に至り政府がそれらの通用を禁じたわけである。広い意味で、日本の通貨の中世が終わる。銭が国産のものに限られることで三貨すべてが国産になった点でも、三貨制度の成立史を画す、記念碑的政策である。

なお計算貨幣としては、その後もビタは使われ続けた。例えば伊豆のある漁村の経理記録は、一九世紀中葉まで「京」単位で記す。この「京」は、金貨一両＝京銭（ビタ）四貫文という、一六〇九年の幕府法に基づく計算貨幣である。実際の支払いは金貨・銭相場に基づき寛永通宝などで行われた。

以上のように家綱政権期には三貨ともに幕府通貨が全国的に広まり、通貨の統合が進んだ。なお家綱政権は体積の基準（枡）・質量の基準（秤・分銅《ふんどう》）の全国統一も進めた。社会的基準の統一という点で、通貨統合と通じる性格を持つ。これらは商品取引や秤量貨幣の使用を円滑にした。

金貨・銀貨の輸出

これら家綱政権の通貨政策の背景には、通貨貿易の統制があった。家綱の跡を継いで一六八〇年に将軍になる綱吉《つなよし》の時期も含め、ここで述べる。

江戸時代の対外政策というと「鎖国」のイメージがある。たしかに日本人の国外渡航やキリスト教信仰を禁じた点では閉鎖的だった。しかし経済面では、政府管理ではあるが、大規模な額の貿易を行った。日本が外国の物産を必要としたからである。一七世紀の日本の主な輸出品が通貨そのものだった。日本の物産で外国が求めたのが通貨しかなかったからである。

まず金貨である。一六世紀後半以来、一七世紀に入っても、日本は金高・銀安だったので、銀を輸出し金を輸入し続けていた。しかしその後東・東南アジアで銀の価格が下がり、日本と日本以外とで金・銀の価格差がなくなっていった。これは日本から金を輸出するチャンスを与えた。オランダは一六四〇年に初めて金貨を日本から輸出した。しかし幕府は国内通貨（慶長金）の素材として金を必要としたので、翌四一年、輸出を禁じた。

その後銀貨の輸出が増えると、国内で銀貨が不足した。銀貨の輸出を抑えるため家綱政権は一六六四年、金貨の輸出を解禁した。オランダや鄭《てい》氏政権（台湾を本拠とし清《しん》に対抗したレジスタンス政権）は日本で買った金貨を、金貨の素材を求めていたインドへ転売した。オランダ東インド会社は自身の金貨の素材にも使った。小判にオランダの紋章を刻印し、植民地であるジャワ政庁の通貨としてそのまま使いもした。

そのうちに、日本で金の生産が減り、その一方で通貨需要が増えたため、国内で金貨が不足した。そこで幕府は再び金貨の流出を抑えようとした。一六七二年に金貨の輸出売価を引き上げ、一六八五年にオランダとの貿易高を一年あたり五万両に限った。一六九五年には幕府は金貨の金含有率を下げる（後述）。このためオランダが日本の外で金貨を転売する際に利益が減った。台湾向けの金貨輸出は、鄭氏政権が滅亡したため、一六八〇年代になくなる。結果、金貨の流出は収まった。

次に銀貨である。一六世紀以来の銀の輸出は一七世紀も続いた。一六〇二年から家康は対ポルトガル貿易の支払いに慶長丁銀を使った。一六〇九年、幕府は灰吹銀の輸出を禁じ、輸出銀を慶長丁銀に限った。銀の流出を抑え、幕府が貿易を独占的に管理するためである。慶長銀は国際的に見て銀含有率が低い銀貨だったので、アジア市場での通用力は弱かった。外国商人は銀含有率が高い灰吹銀を好み、日本から密輸した。その後一六三〇年代に幕府が貿易管理を強化（鎖国）すると、灰吹銀の密輸は収まった。それでもオランダは、銀を貿易通貨とするアジア市場に参加するため、アジアで唯一の産銀国だった日本の銀に依存し続けることになる。

その後、特定の商人が輸入生糸の仕入れと販売を独占する制度が廃止されて自由取引が認められたことなどにより、商人による仕入れ競争が激化した。そのため価格が高騰した。結果、輸入の対価となる銀貨の年あたり輸出量は一六六〇年前後に頂点に達した。

対して、幕府は銀貨の流出を抑える策に出る。一六六八年、長崎からの丁銀の輸出を停止した。後に中国船へのみ輸出を解禁したが、取引額を実質的に規制した。一六八〇年代には薩摩藩・琉球経由の中国向け、対馬藩経由の朝鮮向けの銀の輸出高も制限した。

そのため中国と東南アジアからすれば、銀の供給が減った。これら各地で不況になり、ヨーロッパ勢力も巻き込んだ東・南シナ海の貿易ブームが終わる一因になった。日本銀の減産と江戸幕府の通貨政策が世界経済史を左右したわけだ。

結果として、慶長丁銀は一七世紀を通じ大量に海外へ流出した。慶長銀の総製造高約四五〇〇トンのうち約三七五〇トン、比率で八〇%超が輸出された。慶長銀は国内通貨というより実質的に貿易通貨だった。なお慶長金は総製造高約二〇〇トンのうち輸出が約二六トン、約一三%であり、流出した比は慶長銀より小さい。日本からの銀の年平均輸出量は一七世紀初頭で約一三〇〜一六五トンだった。当時の世界全体の銀の年産量の二五〜三〇%を占めた。

銭の輸出

次に銭である。銭の輸出は一七世紀に入っても続いた。寛永通宝の発行前では、例えば一六二〇年代、小倉藩が製造した銭がベトナムへ輸出された。また一六三〇年代、近江坂本で輸出用の銭が製造された。「サカモト」と呼ばれ、インドシナ半島で好まれた。銭を製造した経験が、坂本に銭座が設置され、寛永通宝を製造する前提になる。ちなみに『毛吹草《けふきぐさ》』という、俳諧《はいかい》・俳句に関する一七世紀前半の理論書がある。これに各地の特産物が記されているが、坂本は銭の鋳型に使う土の特産地として登場している。東インド会社はサカモト以外にも、水戸産の銭や無文銭などを日本から買い入れた。

幕府は寛永通宝の素材を確保するため、発行した翌一六三七年、銅の輸出を禁じた。その後日本で銅の生産が増えると、一六四六年、輸出を解禁した。これによりビタが再び輸出されるようになった。家綱政権は一六六八年、寛永通宝の輸出を禁じた。一見すると統制の強化だが、その裏には、ビタなら輸出可、という意味がある。

寛永通宝発行後の銭の輸出先を見てみよう。まず中国。幕府が寛永通宝の輸出を禁じたものの、現実には中国へ流出し続けた。中国が日本銭を求めたのは、明・清の交替に際して起きた動乱のために銭の供給が円滑にいかず、銭が不足したためである。動乱が終わって一八世紀に入った後も、中国で銅の生産が十分になかったこともあり、長崎との貿易港だった上海《シャンハイ》などで寛永通宝が流通した。現在の新疆《しんきょう》ウイグル自治区など内陸部へも寛永通宝は到達した。琉球経由でも流出した。浙江《せっこう》など大陸沿岸部や台湾では、江戸幕府がすでになくなっていた一九世紀第4四半期でも寛永通宝が流通した。

次に東南アジア。一六五九年に長崎の町人が、オランダを通して東南アジアへ輸出するための銭を製造したい、と幕府へ申し出た。幕府は「寛永」の銘を入れないことを条件に許した。一六八五年まで、元豊通宝《げんぽうつうほう》など北宋銭の銘を持つが、中国の政府が発行した銭と異なる書体の銭（長崎貿易銭）が製造され、輸出された。

東南アジアを地域別に見る。まず大陸部。一六世紀以降、中国が銭を黄銅《おうどう》（銅と亜鉛の合金。現行の五円硬貨と同じ）製に変えたのに対し、ベトナムの人々は、以前の中国銭や黎朝初期の銭と同じ青銅製である、日本銭を求めた。一六三〇年代に日本で鎖国が完成した後は、オランダ人や中国人がベトナムへ日本銭をもたらした。ベトナム南部の広南阮《グエン》氏政権は一六八八年に日本へ銭の製造を依頼している。

次に島嶼部《とうしょ》。オランダはジャワの軍隊の給与支払いなどに日本から輸入した銭を使った。バリ島でも寛永通宝と長崎貿易銭が流通した。インドネシアの一部では、第二次世界大戦直前まで寛永通宝が流通した。

このように日本の銭は東〜東南アジアへ輸出され、各地の通貨需要に対応した。一五世紀までと逆の流れである。各輸出先での日本産通貨の供給量やシェアがわからないので、過大評価はできないものの、一七世紀の日本は、金貨・銀貨も加え、東〜東南アジアの通貨製造所だった、ともいわれる。

日本初の紙幣、山田羽書

一七世紀は、近代的なものに近い紙幣が登場する点でも画期だった。商人など民間が発行した私札《しさつ》と、藩が発行した紙製の領国貨幣、つまり藩札《はんさつ》が代表例である。なお私札・藩札は明治以後の用語であり、当時は「銀札」など、額面表示により呼ばれることが一般的だった。両者とも主に銀遣い圏である西日本で発行された。そのこともあり額面は銀貨単位のものが多い。ついで銭単位のものが目立つ。

私札が藩札より先に登場する。私札の初例が一六一〇年ごろ伊勢で登場した山田羽書《やまだはがき》である。世界史的には一一世紀の中国、一五世紀の朝鮮・ベトナムに次ぐ紙幣の発行である。日本の紙幣の発行は東アジアでは遅い方だった。しかし世界初の銀行券であるストックホルム銀行券（一六六一年）など、ヨーロッパのものよりは早い。世界史的には戦時に紙幣の発行が増える傾向があるが、日本では藩札を含め、平時に登場した点に特徴がある。

山田羽書は伊勢御師《おんし》、すなわち伊勢神宮の参詣《さんけい》者の祈禱や宿泊を手配する代理店・旅館業者が発行した。縦長の長方形、短冊型である。短冊型という形態は、割符など中世の手形と同じである。原則として木版印刷だが、額面が手書きのものもある。短冊型・木版印刷という規格は、これ以降の私札・藩札も採用した。神仏の図像と発行者名も印刷されており、山田羽書であることがすぐわかるよう設計されている。

額面は主に銀貨一匁以下、つまり相対的に小額である。中世の手形が高額面だったことと異なり、庶民も使える額である。

書式は請取状《うけとりじょう》または預状、すなわち額面の銀貨を受領しその支払いを約束する形式をとる。券面には「丁銀」の印がある。また、神仏図像のモチーフに大黒天《だいこくてん》像を使っているものがある。紙幣を額面と同じ価値の別の通貨と交換することを兌換《だかん》というが、これらの書式・デザインは、大黒常是の銀貨である慶長銀と兌換されることを示す。ただし羽書一枚の額面は小さく、手に入るたびに兌換を発行者へ求めるのは手間である。そのため通常は通貨としてそのまま使い、数がまとまると兌換を請求したようだ。

特定の額の通貨との交換を約束し、譲渡性があり、持参人払・一覧払である点は、山田羽書も中世の手形も同じである。手形が使用者の個別の需要に応じて、いわば注文生産的に発行されるのに対し、山田羽書は個別の使用者の需要に関係なく大量に製造された点で、近代的な紙幣に近い。

山田羽書（縮小）

山田羽書は伊勢神宮の門前町である山田で参詣者らが使うことを想定している。つまり社会の通貨需要が背景にある。古代朝廷の銭や江戸幕府の三貨、そして後に述べる藩札の発行の目的が政府側の財政需要にあることと異なる。

一七世紀前半には山田羽書のほかにも、大坂江戸堀河《えどぼりがわ》銀札や大和下市《しもいち》銀札など、さまざまな私札が伊勢や畿内などで発行された。畿内の私札は主に河川開削や新田開発などの土木事業に関わる商人らが発行し、労賃の支払いなどに使われた。これら私札が発行された背景には、①銀貨や銭など庶民が使う小額通貨の不足、②一匁以下の微少な単位の銀貨を製造することが難しいこと、③銀貨の輸送費用や秤量する手間の節約、などがある。紙幣は金属通貨が不足したときに使われ始めることが世界史的に多い。それと共通する。

ただし留意すべきことがある。小額金属通貨の代わりに紙幣を発行するのであれば、額面は銭単位でもよいはずである。ほかならぬ銀貨単位にしたのはなぜか。交換手段には銭も銀貨も使われたが、取引の建値《たてね》、すなわち価値尺度に銀貨を使うことが一般化していたためである。銀貨の中でもほかならぬ慶長銀が兌換対象であるのは、それが社会で基準通貨になっていたこと、言い換えれば幕府による通貨統合が進んでいたことによる。

もう一つ留意すべきことがある。歴史的に見た場合、紙幣の製造原価が金属通貨のそれより安いとは限らない。金属通貨より安く製造できる製紙・印刷技術があってこそ、紙幣の発行は合理的になる。また紙幣は金属通貨より耐用期間が短い。紙幣で通貨需要を満たすには供給を継続しなければならない。これら供給コストの課題を解決した結果、私札が登場した。

一六六〇年代に寛永通宝が増産されて小額通貨の供給が増えると、私札の発行件数は減り、その後多くの私札は消えていく、と通説はいう。しかし近年は小規模ながら流通が続いたことに注目し、消滅の一言で済ませず、各地の流通の実態を復元する研究が進んでいる。

藩札の登場

藩札に関する最古の記録が一六三〇年の備後《びんご》（広島県）福山《ふくやま》藩、年代が判明する最古の現物が一六六一年の福井藩のものである。発行は藩政府が直接行うものと、領内外の商人など民間に委託されるものとがあった。多くは商人が発行の実務を担い、彼らが兌換のための準備として持つ幕府通貨で信用を担保した。藩政府が強制通用力を与えた点が私札と異なる。

藩札が発行された背景には、大きく見れば私札と同じく、銀貨不足や秤量の手間の節約がある。より直接的な理由は藩政府の財政補塡《ほてん》である。例えば銀遣い圏で領外から物資を移入するには幕府銀貨が必要である。しかし藩政府は銀貨を必ずしも十分に持っていない。そこで領民へ藩札を渡して銀貨を回収し、領民には藩札を銀貨の代わりに使わせた。つまりあくまで藩政府の都合である。額面は小額かもしれないが、領内の小額通貨の需要を満たすこと

福井藩札（一六六六年、縮小）

は第一目的ではない。その点で私札と異なる。

藩札に関する布告の例として、一八世紀初頭のものだが、一七〇四年の広島藩のものを抜粋する。①藩札と銀貨との交換は藩が指定する交換所で行う。②額面は銀貨単位で五匁・一匁・五分・三分・二分（一分＝一／一〇匁）の五種類とする。③今後は藩札のみを使うこと。ただし藩札の最低額面である二分未満の取引では銭を使ってよい。④銀貨一〇〇匁→藩札一〇一匁、藩札一〇二匁→銀貨一〇〇匁の比価で交換する。⑤納税で藩札を使ってよい。⑥他藩からの来訪者も当藩の藩札を使うこと。

④は往・復の交換手数料に差をつけることで、⑤は納税の支払いを幕府通貨に限らないことで、藩札を使うよう人々に促している。③とあわせ、藩政府が銀貨を回収し独占するためである。他の藩でも領内で幕府の金貨・銀貨の使用を禁じる例が多い。ただし現実には幕府通貨と藩札との双方が流通することが多かった。

従来の研究では、兌換準備を十分持たずに藩札を乱発したため、藩札価格の暴落や兌換請求パニックがしばしば起こったと、否定的に評価されてきた。しかし近年の研究では、そのようなパニックは少数であり、藩札が乱発されたとされる幕末にかけて流通がむしろ好転する例も多い、と考えられている。

藩札の流通が安定した背景には、藩政府の強制もさることながら、庶民の通貨への需要があった。私札を含め畿内や西日本で紙幣の発行の事例が多いのは、東日本より経済が成長し通貨需要が大きかったことによる。藩札発行の目的はそもそもは財政需要にあったが、結果的に、庶民の小額通貨の需要に対応した。

藩札の通用は建前では領内限りだが、実際には領外でも流通することがあった。例えば美作《みまさか》（岡山県）津山《つやま》藩が一七〇〇年に発行した藩札は、領内だけでなく同じ美作の幕府領でも流通した。同様の現象は、紙幣の発行に対し幕府が統制を始めた一八世紀以後も起こった。例えば、館林《たてばやし》藩領だった播磨三木《みき》で、同じ播磨の明石《あかし》藩札が流通した。通用を停止するのは地域経済の実態から見て非現実的だったので、館林藩政府は黙認した。つまり政府側の規制よりも庶民の通貨需要こそが、藩札が流通するかどうかを決める要因だった。

一七〇七年に幕府は紙幣の通用を停止する(後述)が、それ以前は紙幣の発行に関する成文法はない。つまり一七〇七年以前は、領国貨幣を幕府が黙認したことと同じく、私札・藩札の発行に藩や幕府の許可は事実上いらなかった。一七世紀を通じて幕府通貨により金属通貨が統一されていったが、各地の紙幣という形で、通貨の地域性が残った。

以上、近世紙幣の登場について見てきた。要点は、私札が藩札より先、というところにある。本書でこれまでもしばしば登場した、民間がつくりだした通貨のアイデアを政府側が追認的に採用した現象の一つである。

綱吉期の金貨・銀貨改定

一六八〇年、家綱が没し、その弟で、生類憐《しょうるいあわ》れみの令で知られる綱吉が五代将軍になる。綱吉政権は家綱政権と同じく、全国経済に関する支配を強めた。その一つが通貨政策である。綱吉が没する一七〇九年まで含めて、一八世紀に踏み込んでここで述べる。

まず注目すべきが、金貨・銀貨の規格を改めたことである。一六九五年(元禄《げんろく》八年)、幕府は元禄金銀の発行を布告した。元禄金(小判・一分金)の質量は慶長金と同じだが、金含有率を下げた。元禄銀も銀含有率を下げた。含有率を下げたにもかかわらず、慶長金一両＝元禄金一両のように、慶長金銀と元禄金銀とを等価で通用させた。言い換えれば、素材価値に関係なく、指定した額面で通用させた。金貨・銀貨の名目貨幣化である。

規格改定の目的は大きく二つある。一つめが、金貨・銀貨の品質を下げることによる、発行高の増加である。改定の結果、金貨・銀貨は合計で約八五％増えた。金・銀の生産が減り、国外へ流出した一方で、通貨需要が増えていたことが背景にある。なお同様の案はすでに家綱政権期にあったが、そのときは採用されなかった。

二つめが、財政収入である。例えば慶長銀一〇貫は元禄銀一〇貫一〇〇匁に交換された。一％のおまけ（交換増歩《ましぶ》）をつけることで人々に元禄銀への交換を促したわけである。慶長銀一〇貫の銀純量が約八貫、元禄銀一〇貫一〇〇目の銀純量が約六・五貫なので、差し引き銀約一・五貫が、ほぼ幕府の利益（発行益）になる。発行益を求めた背景には、金・銀生産の減少に伴う鉱山関係の歳入の減少と財政赤字化があった。

規格改定を立案したのは当時勘定吟味役《ぎんみやく》（勘定奉行に次ぐ役職）だったエース財務官僚、荻原重秀《おぎわらしげひで》である。重秀は、「金貨・銀貨が不足している中で供給を増やせば人々は心が休まるだろう」と、政策の趣旨を語っている。

一六九六年には元禄金銀の素材にするためとして、慶長金銀・灰吹銀（領国貨幣）の回収と通用停止を布告した。以前から進んでいた幕府による金・銀地金の独占の強化と本法により、領国貨幣の排除と幕府金貨・銀貨による通貨統合が、建前上完成した。

回収した旧金貨・銀貨は元禄金銀の素材にあてた。金・銀の生産が減り、かつ国外への流出が続いていたので、元禄金銀の素材は回収した旧金貨・銀貨に多くを依存した。

ただし現実には旧金貨・銀貨の回収と通用停止は難航した。慶長金銀は元禄金銀より良質だったので、人々がしまいこんだからである。また、新旧の金貨・銀貨の交換は幕府が指定する江戸の両替商や金座・銀座が行った。江戸や、江戸と経済交流が頻繁にある地域はともかく、それ以外の地方では切り替えは遅れた。例えば秋田藩の場合、銀貨は銀座の職員が江戸から出張して交換したが、金貨を交換するには江戸まで持って行かなければならなかった。結果として、新旧の金貨・銀貨が異なる市価で流通し続けた。また、より少ない金で金貨をつくることができるようになったため、偽造が多発した。新貨の素材を調達するための旧貨の回収が、これ以後の規格改定でも重要な政策課題になる。

旧貨からの金・銀純量の減少率が元禄銀より元禄金の方が大きかったため、元禄金は敬遠され、銀貨が求められ、銀貨が不足した。規格改定前の市価は法定比価（金貨一両＝銀貨五〇匁）より金貨高・銀貨安だったが、改定後は法定比価より金貨安・銀貨高になった。

金貨安・銀貨高は、金遣いである江戸が、銀貨建てで価格を示す上方から商品を移入する場合に不利になる。そこで幕府は一七〇〇年、法定比価を金貨一両＝銀貨六〇匁＝銭四貫文と、銀貨安に改めた。なお赤穂《あこう》藩の浪人集団が吉良義央《きらよしなか》を殺害したのが一七〇二年である。

その後、銀貨不足を和らげ、銀貨安へ導くため、銀貨の規格をさらに改めた。一七〇六年（宝永《ほうえい》三年）発行の宝永銀（二《ふた》ツ宝《ほう》銀）である。銀含有率を元禄銀より下げたが、元禄銀と等価で通用させた。これは発行益を得る目的もあるが、幕府が望む金貨・銀貨相場へ導くために通貨規格を改める政策の始まりでもあった。

しかし銀貨高は収まらなかった。銀遣い圏の上方で経済が成長して商品取引量が増えており、銀貨供給量の増加を相殺したためである。さらなる対策が重秀に求められたが、これについては第3章で述べる。

荻原銭と紙幣禁止

次に、銭に関する政策である。

一六九五年の通貨規格改定で、金貨・銀貨の発行高は増えたが、銭は追加で供給されなかった。結果、江戸で銭が相対的に不足し、銭高が起きた。

銭相場に対する利害は江戸の住人の中でも違いがある。前提として江戸は、衣食住に関する日常の消費物資の多くを上方から移入していた。金遣い圏である江戸の問屋商人は、上方から銀貨建ての商品を仕入れ、江戸で銭を対価に売るので、金貨高・銀貨安・銭安を好む。武士は米で給与を受け取り、米を金貨に交換し、金貨を銭に両替し、銭で商品を買うので、米高・金貨高・銭安を好む。庶民は所得を銭で得るので、金貨高・銭安を嫌う。一方、銭高は銭の購買力を増やすが、銭高の背景にある銭不足は、庶民に多い零細自営業者や日雇い労働者の所得の機会をそもそも減らす。質屋通いなどで毎日をしのぐ借金暮らしの庶民にとっては、負債の実質額が大きくなる点でも望ましくない。

幕府は武士の利益を代表している。そこで幕府は銭安へ導くため、一六九七年以降、銭を製造させた。寛永通宝（一文銅銭）の製造量のピークの一つである。実務責任者は勘定奉行へ昇進した、荻原重秀だった。そのため俗に「荻原銭」と呼ばれた。

このときつくられた寛永通宝は従来のものより小型化・軽薄化したため、当初は評判が悪かった。対して重秀いわく、「通貨は国家がつくるものだから、瓦礫《がれき》でも通貨にしようと思えばできる。この銭は品質が悪いが、紙幣よりマシだ」。貨幣国定説のような発想と名目貨幣の発想を重秀が持っていたことがわかる。

銭が不足し、かつ銭への需要が増えていたため、結局、荻原銭は流通した。同時期の儒学者である荻生徂徠《おぎゅうそらい》は、「かつて田舎では米・麦で売買したが、このころから田舎へも銭が普及したので、銭で売買するようになった」と語っている。つまり銭の供給が増えたことで、地方へも銭の使用が広まった。

供給量が増えて銭安に転じたが、それでも幕府は銭を高値で売買することを改めて禁じた。歳末の決済集中期に銭需要が増える→銭が不足する→銭高になる……ことを予防するためである。現在のように預金通貨や口座振替が一般化していないので、通貨現物の需要・供給の季節差は深刻な問題だった。

次に、紙幣に関する政策である。一七〇七年、幕府は紙幣の通用を禁じた。銀札の通用を停止することで、しまいこまれている旧銀貨を放出させ、宝永銀に交換させるためである。結果、小額通貨全体の供給が減り、同じ小額通貨である銭に対する需要が増え、銭高になった。幕府が望まなかった副作用である。

ここまで綱吉政権の通貨政策を見た。歴史的意義は次の三つである。①領国貨幣・民間通貨（金貨・銀貨・紙幣）の排除と幕府通貨による統合、つまり三貨制度の完成。②幕府金貨・銀貨の品質低下および名目貨幣化と、人々によるその受容。③旧貨に素材を依存する規格改定と新旧通貨の交換の難航という、江戸時代を通じて繰り返す現象の基本パターンの登場、以上である。この後も幕府の通貨政策の基本路線は江戸に住む将軍や大名の財政対策であり、彼らの利害に基づく。庶民の保護という発想はなく、あったとしても二次的だった。古代政府が銭を発行した理由と共通するところがある。

以上述べたように、一七世紀末からの世紀転換期に三貨制度が完成した。家康の幕府草創と慶長金銀の発行から、約一〇〇年が経っていた。

第3章　江戸の財政再建と通貨政策〈江戸中期〜後期〉

1　改革政治家たちの悪戦苦闘

家宣期の規格改定

一八世紀から一九世紀前半に、新井白石《あらいはくせき》の正徳《しょうとく》の治、徳川吉宗《よしむね》の享保《きょうほう》改革、田沼意次《たぬまおきつぐ》の執政、松平定信《まつだいらさだのぶ》の寛政《かんせい》改革、水野忠邦《みずのただくに》の天保《てんぽう》改革など、それぞれの方向性は必ずしも同じでないものの、幕府財政の再建が何度も図られた。その中で通貨政策が大きな役割を占めた。その結果、通貨の近代化が準備された。本章ではその経緯を見る。

一八世紀は、江戸時代の中期にあたる。日本史上珍しい、大規模戦争のない時期である。耕地拡大が一段落し、出生率が下がった。人口は三一〇〇万人台に到達した後、停滞した。

世帯あたりの耕地や資源の制約がある中で生活水準を維持するため、晩婚化と意図的な出生抑制が起きたことが要因である。これに加え、寒冷化のため飢饉がしばしば起きたこともあり、世紀末には三〇〇〇万人前後に落ち込む。

一七〇九年に綱吉が没し、その甥《おい》である家宣《いえのぶ》が六代将軍になる。これに際し、前代に続き勘定奉行だった荻原重秀が上申して、通貨規格を改めた。

一七一〇年（宝永七年）、宝永金（小判・一分金）の発行を布告した。元禄金より品質を悪くしたが、それでも宝永金は元禄金と等価とされた。宝永小判の質量は約九・四グラムである。質量単位としての一両（約一六グラム）に足りない。それでも一枚で額面「一両」とされた。こうして、額面を指す「両」という単位が、金貨現物の質量に関係ない、単なる通貨単位になった。

銀貨については、宝永金の発行と同じ一七一〇年の永字《えいじ》銀、同年の三《み》ツ宝《ほう》銀、翌一一年の四《よ》ツ宝《ほう》銀と、足かけ二年のうちに三回、銀含有率を下げる方向で規格を改めた。いずれも銀より銅の含有率が高く、金貨と同じく名目貨幣化がさらに進んだ。銅が多いと赤い色味が強くなる。銀色に見せるため、表面の銅を飛ばす加工をわざわざ行っている。これら銀貨の規格改定は重秀が独断で行い、改定を布告していない。そのため旧金貨・銀貨の通用は停止されず、新旧の金貨・銀貨がこの後もともに流通した。

規格改定の目的は、短期的には、新将軍の居所を改造するための財源として発行益を得ることにあった。長期的には、銀貨の供給量を増やして銀貨安に導き、物価を下げるためだった。綱吉時代の政策と同じ趣旨である。実際、銀貨安になった。その一方、小玉銀の供給が滞って小額通貨全般が不足し、同じ小額通貨である銭への需要が増えた結果、銭高になった。これは庶民を苦しめた。

金貨・銀貨の品質悪化は、通貨の輸出に影響した。金貨については、そもそも元禄金への改定で金の純量が減った段階で、オランダにとって金貨貿易の利益が減った（第2章）。幕府は元禄金よりさらに金の純量が少ない宝永金を元禄金と同価でオランダへ受け取らせた。オランダはやはり損をする。結果、日本からの金の輸出量は減っていく。

銀貨も品質が下がったため、朝鮮や中国は受け取りを嫌った。朝鮮貿易の実務にあたった対馬藩の願いにより、幕府は一七一〇年に朝鮮向け輸出専用の丁銀である、人参代往古銀《にんじんだいおうこ》を発行した。薬用人参の輸入のためという建前ゆえの名である。銀含有率は慶長銀の規格に戻した。また琉球を通じて中国貿易を行っていた薩摩藩の願いにより、幕府は一七一三年に琉球・中国向け輸出専用の丁銀である、琉球渡唐《とと》銀を発行した。銀含有率は元禄銀の規格に戻した。結果、国内通用の銀貨と貿易支払い用の銀貨とが分離した。

ここまで述べたように、重秀は通貨の品質低下・名目貨幣化路線を進めた。しかし儒学者で家宣の政治顧問だった新井白石は、重秀の策を良しとせず、何度も罷免を求めた。一七一二年、重秀は勘定奉行を罷免された。重秀は悪役として語られることが多いが、これは白石が書き残した中傷による、一方的なイメージである。

新井白石のデフレ政策

重秀罷免の直後、家宣が没した。一七一三年、その子で数え五歳の家継《いえつぐ》が七代将軍になる。通貨政策は新井白石が主導した。一七一四年（正徳四年）に金貨・銀貨の規格を慶長のものに戻した（正徳金銀）。寛永通宝も良質化した。重秀の通貨政策を覆し、三貨すべてを良質化したわけである。新旧の金貨・銀貨は等価とせず、相互の比価を法定した。例えば正徳金一＝宝永金二とした。新貨が普及するまで時間がかかるため、その間この比価で旧貨を通用させようとしたわけだ。

白石が通貨を良質化した理由の一つが、経済上の面、具体的にはインフレ対策である。素材量が限られている状況で悪貨を回収して良貨を供給すれば通貨全体の供給量が減る。これにより物価を下げようとした。古典的な貨幣数量説に近い発想である。

もう一つ、経済外の理由がある。外国への優越意識によるものである。白石は、通貨の質が国の統治状況を象徴し、通貨の品質悪化は外国に対する日本の威信を低下させる、と考えていた。また、神は質が低い通貨を嫌い、それが災害の頻発として現れる、という世界観を持っていた。現代人には非合理的に見えるかもしれないが、現在の経済政策も純経済学的に決まるわけでは必ずしもないので、笑うことはできない。

正徳金銀の発行から約二年後に白石は罷免される。通貨の規格を改めた結果はむしろ次の吉宗の時期に顕著に現れる。幕府が歳出削減もしたこととあわせ、通貨供給量が減った。ここまでは白石の目論見通りである。しかし米価が下がった。武士は米で得た給与を金属通貨に換えて商品を買うので、米安は不利である（第2章）。米安は生産者である農民の所得も減らす。結果、武士・農民の購買力が下がり、景気が悪くなった。日本史上初の政策誘導による不況である。受験日本史で出てくる、近代の松方《まつかた》デフレなどと同様に、新井デフレと呼んでもよい。白石の政策は武士の利益確保という点で、失敗に終わることになる。

なお白石は幕府紙幣の構想を持っていた。金貨・銀貨の規格改定に際し、臨時措置として幕府紙幣を発行し、それと交換する形で旧金貨・銀貨を回収し、新旧通貨の価格や物価の変動を防ぐ、というものである。実現はしなかったが、幕府の通貨政策に深く関わる人間が紙幣の発行を発案したことは注目すべきである。

吉宗の政策継承

一七一六年、家継が数え八歳で没し、御三家の一つ、和歌山藩の吉宗が八代将軍になった。白石は罷免されたが、通貨規格は継承された。幕府は一七二二年までに、荻原重秀のもとで発行された金貨・銀貨の通用を停止した。複数種類の金貨・銀貨の併存をなくし、正徳金銀、つまり白石の規格の金貨・銀貨で統一するためである。しかし例えば宝永金は小型で良質だったため人気があり、人々は交換せず、しまいこんだ。そのためこれまでの規格改定のときと同じく、旧金貨・銀貨の回収と新金貨・銀貨の供給が滞った。

米価は下がっていった。白石の通貨良質化路線を継承し、歳出も減らしたので、通貨供給量が減ったからである。米安には構造的な理由もあった。一七世紀の新田開発などにより米の供給が増えていた。また、吉宗は増税（米年貢の増徴）を行った。年貢米は市場で通貨へ換えられるので、米の供給量が増えた。加えて、このころ人口増加が止まった。結果、米の供給が過剰になり、米安が促された。

また、銀高になった。かつて重秀は銀貨安に導くため、金貨の金含有率の低下率より銀貨の銀含有率の低下率を大きくしていたが、その前の規格に戻した白石のものを継承したため、銀貨高へ反動した。また、新貨の製造能力が不足したため、そもそも十分に供給されなかったことも一因だった。銀貨高は江戸にとって上方からの商品の移入が不利になる（第2章）。

そのこともあり、米以外の物価も下がるには下がったが、商品によっては下落率が米より小さかったため、相対的に高どまりした。

なお銀貨高には短期的な理由もあった。一七二二年、江戸の物価政策を担当した町《まち》奉行・大岡忠相《おおおかただすけ》が両替商へ銀貨高の理由を照会したところ、「今年の西国大名は江戸在勤が少なく江戸に銀貨が入りにくい」、「米安のため、大名は手元の通貨が近々不足すると予想し、先に銀貨を買いためた」、「投機筋（商人）が銀買いをした」との回答があった。

以上のように、米安になったわりには米以外の物価はさほど下がらなかった。米安と、相対的な物価高は、武士の購買力を減らし、江戸の景気は悪くなった。江戸の庶民にとって米安は購買力を増やすが、景気が悪くなればそもそも所得の機会が減る。物価高とあわせ、庶民も苦しむことになった。

結果、不況が続いた。吉宗にとって、米価の引き上げが課題となった。彼が米将軍と呼ばれるゆえんである。

増量路線へ転換

幕府が大坂の両替商に米高誘導策に関し諮問したところ、「そのためには通貨の品質を荻原重秀の時代のものに戻し、供給量を増やすべきだ」との答申があった。荻生徂徠の弟子で同じく儒学者だった太宰春台《だざいしゅんだい》は、「米高になって武士が持つ金貨・銀貨が増えれば、武士は貯蓄より消費を好むのですぐに消費にまわり、その分庶民は所得が増えて喜ぶだろう」と主張した。

吉宗も方針を転換し、通貨量を増やして米高へ導こうとする。一七三〇年、以前停止した宝永金の通用と、藩札の通用を解禁した。

藩札の解禁の対象は過去に発行した経験がある藩のみとしたが、現実には新規に発行する藩が現れた。西日本で多く発行され（第2章）、当地の庶民は日常取引の多くを藩札で行うようになった。しかし幕府の意図と逆の効果も生んだ。諸藩が領内の米を藩札で買い、大坂で売って銀貨を得ようとしたため、米の供給が過剰になり、米安になった。

大岡忠相ら物価政策を担当した官僚は、「金貨・銀貨の品質を悪くして通貨供給量を増やさないと、米価が上がらない」と主張した。吉宗は当初は「それをすると物価全体が上がる」と反対したが、最後は了承した。

一七三六年（元文《げんぶん》元年）、元文金銀が発行された。正徳金銀より品質を悪くしたが、正徳金銀と等価とされた。一方で新旧通貨の交換にあたり、例えば正徳金一〇〇両は元文金一六五両に交換されることになった。六五％の交換増歩がつくので、元文金に換えた方が購買力が大きくなる。このことが人々に交換を促した。金純量が正徳金一〇〇両で約一五五〇グラム、元文金一六五両で約一四二〇グラムなので、差し引きが金約一三〇グラムである。ここから金座・銀座が得る製造手数料などが差し引かれるので、交換量に対し、幕府の手元に残る分の比率は小さい。規格改定の主眼は発行益を得ることよりも、通貨供給量を増やして米高へ導くことにあった。

金貨・銀貨の規格改定の結果、銀貨安に転じ、一七三〇年代いっぱいは米価・物価が上がり、幕府財政は黒字になった。目論見通りである。この規格改定の目的はあくまで武士身分の利益にあったが、通貨供給の増加が庶民の購買力も増やし、結果的に脱デフレと経済成長を達成した。

ただ、米高は庶民の生活を圧迫した。しかし幕府は米高を維持しようとした。困窮者を救済するよう江戸の各町の代表者たちが幕府へ求めたのに対し、町奉行は、「米高になったばかりなので、さしあたりは救済を差し控える。飢餓人が目立つようになったらまた申し出よ」と、現代であれば信じがたい回答をした。幕府の政策の主眼があくまで武士の利害にあることがよくわかる。

また、江戸や上方から離れた地域への元文金銀の普及は遅れた。そのため地域によっては旧貨を使い続け、または藩独自に通貨の供給を試み、それが問題を起こした。例えば秋田藩は幕府の許可を得て一七三八年から独自の銭を製造した。藩財政の補塡と、金貨・銀貨改定に伴う銭への需要の増加へ対応するためである。しかし幕府銀貨は不足し続けた。そこで藩産銭を大坂へ送り、銀貨を買おうとした。それに対し大坂の銭座は、秋田藩の銭が流入して銭相場が混乱したとして、銭の送付をやめるよう求めた。秋田藩は送付を止めた。

その後一七四〇年代末に金貨・銀貨相場は法定比価である金貨一両＝銀貨六〇匁前後になり、これが一時期を除きおおむね一八世紀末まで続く。物価・米価も一七四〇年代以降に安定またはやや下落に転じ、飢饉の時などを除き一八一〇年代まで続く。元文金銀の製造・通用もこのころまで続いた。製造期間は慶長金銀のそれについで長い。

本章の冒頭で述べたように、一八世紀には耕地拡大が止まり、人口も停滞した。一方で米以外の生産は増加傾向にあった。通貨量増加、耕地面積・人口・物価一定ということは、貨幣数量説によれば、農産加工品など、米以外も含めた人口一人あたり生産量・取引量が増えた、と解釈される。つまり商品取引量の増加が通貨量の増加を相殺したので、名目物価は上がらなかったが、実質的に経済が成長していた。かつて荻原重秀が行った通貨の品質低下・名目貨幣化路線を吉宗が最終的に選んだことが、あくまで結果論だが、このような現象を生んだわけである。

寛永通宝鉄銭

吉宗政権は金貨・銀貨の規格を改めるとともに、銭も増産した。

一七三六年、金貨・銀貨改定を公示する四日前、幕府は銭の製造を布告した。金貨・銀貨の規格を改めてそれらの供給量を増やしても、銭を追加供給しなければ、銭が相対的に不足する。また、この直前には銭高傾向だった。さらに進みかねない銭高を予防するため、金貨・銀貨を改定する前に予告したわけだ。

同年、銭の製造を始めた。銭の払い出しは、製造を始めた当初は武士だけを対象とし、庶民へはその数日後から払い出した。相変わらず武士優先である。

庶民の銭への需要は増えていたが、それに比べて供給は不足した。また、江戸から銭が流出した。江戸が周辺地域から商品を移入するときは金貨・銀貨でなく銭で決済されていた。さらに、農村部でも銭の使用が定着して銭への需要が増えていたこともあり、江戸の周辺地域は江戸より銭高になっていた。これらのためである。第2章で述べたように、銭高は江戸の武士にとっても不利である。そこで幕府は銭不足を和らげるため、銭の買い占めを禁じ、他地域への送付を取り締まった。

また、幕府は銭の発行高を増やすため、質量を従来のものの八〇%にした。しかし結局、意図に反して銭不足・銭高になった。金貨・銀貨の改定直後の米高・物価高とあわせ、庶民を苦しめた。

銭供給のさらなる増加が課題となった。しかし問題があった。国内で銅の生産量が減り、かつ銭が増産されたため、銅地金の価格が上がった。このころ寛永通宝一枚分で一文になった。額面価格と同じである。その他の費用を含めれば、青銅銭を発行しても発行益を得られない。また銅は、一七世紀後半から金・銀に代わり主要輸出品になっていた。輸出用の銅を確保するためにも、銅以外の素材を使うことが課題になった。

そこで、鉄を素材にするという案が浮上した。献策したのが、凶作に備えるためサツマイモの栽培を奨励したことで知られる学者、青木昆陽《あおきこんよう》である。「鉄は腐食しやすく耐久性に難があるが、五〇〜六〇年はもつので、庶民の救済という臨時措置には十分である」と語っている。なお昆陽は試作品を幕府に提出しさえした。

一七三九年、鉄製の寛永通宝の製造が始まった。日本史上、政府が発行した初の鉄貨である。額面は従来の青銅製の寛永通宝と同じく一文である。

これ以降に幕府が発行した額面一文の銭は一部の例外を除き、鉄貨である。これまで銭といえば青銅製だったが、吉宗の時代以後幕末に至るまで、江戸の庶民が使った一文銭はもっぱら鉄貨だった。なお一七世紀に民間が製造した鉄銭が存在したことも第2章で述べた。つまり鉄銭もまた、金貨・銀貨と同じく、幕府が初めて発行したものではない。

銭の供給量が増えた結果、一七四〇年代には銭安に振れ、法定比価（金貨一両＝銭四貫文）

に戻った。これに応じて一七四〇年代のうちに銭の製造を終えた。

田沼政権、定量銀貨の挫折

一七五一年、吉宗が没する。その子・九代将軍家重《いえしげ》のもとで頭角を現したのが、家重の下級官房官僚から老中（幕府の常置の最高職、政務統括）に上り詰める、田沼意次である。田沼政権は商工業者へ課税したり貿易を拡大するなど、年貢以外の歳入を恒常化することで財政を再建しようとした。通貨政策も同じ文脈にある。

一七六五年（明和《めいわ》二年）、明和五匁銀が発行された。定量（五匁＝約一九グラム）、長方形、現物に「文字《ぶんじ》銀五匁」と額面表記がある点で、従来の幕府銀貨と異なる。「文字銀」の表記は元文銀と同じ銀含有率であることを示す。定量化し、かつ額面を表記する点は、従来の幕府銀貨と異なり、秤量せずに個数を数えて使う、つまり計数貨幣として使われることを意図している。発行の目的の一つに、取引の際に秤量する手間を省ける点がある。

もう一つ、むしろこちらが重要なのだが、金貨一両＝銀貨六〇匁の法定比価に基づき、市価に関係なく明和五匁銀一枚を額面一／一二両相当として使うこと、

明和五匁銀

つまり金貨の補助貨幣として使うことが意図されていた。当時の市価は法定比価よりやや銀貨安だったので、法定比価での通用を強制すれば幕府が利益を得る。要は財政補塡が目的である。銀遣いの上方だけでなく、秤量銀貨の流通が少ない江戸や地方で、銭に代わる小額通貨（法定比価で銭三三二文相当）として使われることも期待されていた。銀座に製造手数料収入を得させることで、滞納していた事業税を支払わせる目的もあった。

しかし人々にとっては、当時の銀貨の市価は法定比価より安かったので、明和五匁銀を法定比価で受け取ると損になる。両替商も、金貨・銀貨の交換で手数料を得たり、金貨・銀貨相場の変動を使って売買益を得ていたので、敬遠した。両替商の反対意見に対し、明和五匁銀の発行を献策した勘定吟味役・川井《かわい》久敬《ひさたか》は、「紙幣のみを使う地域もある。明和五匁銀は銀なのだからなおさら通用するはずだ」と反論した。貴金属だから紙よりマシ、という考えである。

とはいえ両替商の協力は得られず、かさが高く不便だったこともあり、明和五匁銀は普及しなかった。幕府は通用停止を布告せず明和五匁銀を回収した。新機軸だったが、人々は支持せず、失敗に終わったわけである。

明和二朱銀の意義

勘定奉行に昇進した久敬は次の策に出た。一七七二年（明和九年）の明和二朱銀の発行である。長方形で、質量約一〇グラム、ほぼ純銀である。現物に「これ八枚を小判一両に兌換する」という意味の表記がある。一つで一／八両＝金貨二朱に相当する計数貨幣である。以下本書ではこういった、銀製だが金貨の単位を持つ計数貨幣を、こなれない語だが、金貨単位計数銀貨と呼ぶ。後に規格が改められたり、新しい規格の金貨単位計数銀貨が発行されるが、すべて長方形である。

発行の目的の一つは、明和五匁銀と同じく財政補塡である。法定比価で、元文銀（秤量銀貨）だと六〇匁、明和二朱銀だと八枚で、金貨一両に相当する。銀の純量が、元文銀六〇匁で約一〇四グラム、明和二朱銀八枚で約七九グラムである。つまり額面が同じ場合、明和二朱銀は元文銀より銀純量が少ない。明和二朱銀の素材の多くは元文銀だったので、この銀純量の差が発行益になった。

明和二朱銀

発行の当初、人々は明和二朱銀を見慣れないこともあり、敬遠した。しかし取引の際に秤量がいらず、携帯が楽で、従来の金貨の最小単位（一分）と銭との間の額面である（法定比価で五〇〇〇文に相当）という利便性があったので、だんだんと普及していった。

明和二朱銀の歴史的意義は次の二つである。一つめが、通貨需要への対応である。明和二朱銀が供給されて通貨供給量が増えたが、吉宗による元文の通貨改定の後と同じく、物価は安定または下落した。経済が成長して取引量が増えており、それが通貨供給量の増加を相殺したためである。また、小額通貨として銭や秤量銀貨の代わりに使われることで、それらを節約する効果もあった。

二つめが、金貨単位計数銀貨が普及することで、通貨単位が幕府金貨へ一元化していった点である。このころ例えば銀遣い圏である近江八幡で米の入札があったとき、応札は銀貨単位でなされたが、順位は各応札者が示す両替相場で金貨単位に換算された価格に基づき決められた。一九世紀の上方では、秤量銀貨単位の手形を決済するときに、その時々の金貨・銀貨相場で換算して金貨単位通貨で支払うようになる。通貨単位が金貨で実質的に一元化したということは、一定質量の金をもって通貨単位を定義する制度、すなわち金本位制に近づいている。近代の通貨制度への一歩である。

明和二朱銀の登場により、幕府銀貨は、本位貨幣（秤量銀貨）と金貨の補助貨幣（金貨単位計数銀貨）の、二種類が併存することになった。そして補助貨幣であるはずの金貨単位計数銀貨が、この後の幕府通貨制度の主役になっていく。秤量銀貨の生産高は減り、この後幕末まで、武士や商人による贈与の支払手段という、経済面でなく社会的な面で主に使われた。

また、取引の単位や藩札・私札・手形などの単位、つまり計算貨幣として使われ続けることになる。

金貨単位計数銀貨の素材には回収した秤量銀貨に加え、輸入銀もあてられた。実は、一七六〇年代に銀は金とともに輸入するようになっていた。国内生産が不調になっていたことが背景にある。また、生糸や薬用人参の国産化に成功し、これらを大陸から輸入する必要が減ったので、その対価として銀を輸出しなくともよくなった。その一方で国内の通貨需要は増えた。これらのため、輸入するようになった。通貨の素材にあてるための金・銀の輸入は一九世紀も続く。

寛永通宝四文黄銅銭の普及

田沼政権は銭に関しては、製造組織を改め、新たな素材・額面のものを発行した。

まず背景だが、一七五〇～六〇年代は銭不足・銭高傾向にあった。農村で銭を使う頻度が増え、取引するために人々が銭を強く求めるようになったためである。

銭高を抑えるためと、発行益を得るため、幕府は銭を増産した。明和五匁銀の発行と同じ一七六五年に鋳銭定座《ちゅうせんじょうざ》を設置し、寛永通宝鉄銭を製造させた。鋳銭定座とは、金座が管理する常設の銭製造部局である。これとは別に、銀座の管理下で、一七六八年には黄銅（真鍮《しんちゅう》）製で額面が四文の寛永通宝（一般に真鍮四文《しもん》銭と呼ばれる。本書では四文黄銅銭と呼ぶ）の

寛永通宝四文黄銅銭

製造を始めた。

金座・銀座が銭の製造を管理するようになったことで、発行するつど製造請負業者を選ぶ方法よりも、需要に応じて弾力的に供給できるようになった。幕府が地方に設置を許した銭座も鋳銭定座に監督させた。地方での銭の製造に対し、幕府が管理を強化したわけだ。

金座・銀座に管理させたのは、彼らへ事業収入を得させるという、財政面の目的もあった。とくに四文黄銅銭の発行は、銀座に製造手数料を得させることで、滞納していた事業税を払わせる、という目的もあった。明和五匁銀と同じ文脈である。なお四文黄銅銭の発行を献策したのは、明和五匁銀・明和二朱銀と同じ、川井久敬である。久敬が銀座へ業務を斡旋《あっせん》した点で、両者の癒着がかいま見える。

さて四文黄銅銭は、日本初の黄銅貨である。額面が一文でない初の寛永通宝でもある。銭の現物に額面の表記はなく、裏面の波のデザインが額面四文であることを示す。原料の亜鉛は輸入した。

四文銭は、一文青銅銭に比べて額面は四倍だが銅純量は約一・三倍しかない。これにより発行益を得る、という目的がある。素材にほかならぬ黄銅を採用したのは、黄銅製である清の銭を参考にしたことによると考えられている。金色の光沢があるので、一文鉄銭との区別が容易という利便性もあっただろう。

四文という額面だが、これは金貨一／一〇〇〇両に相当し、計算貨幣化していた永楽通宝と等価（第2章）である。また、一七世紀に省陌法が九七枚から九六枚へ変わっており、九六の約数であることも含め、計算に便利だった。銭への需要が増えていたことにも対応し、金遣い圏である東日本で主に流通した。これ以降、制度的にも実態的にも額面が異なる銭が併存し、銭の等価値使用原則がなくなる。

また、「四文屋《しもんや》」という、惣菜を串にさしたりして四文均一で売る露店が江戸などに登場する。現在でもお祭りのときにイカ焼きや唐揚げ棒の屋台が出ているが、メニューは違えど、これに類したものがどれも四文銭ワンコイン、といった感じのものである。そういった小売業態が成立するほど、四文銭は普及した。

実は将軍綱吉・荻原重秀の時代である一七〇八年（宝永五年）、宝永通宝という、一枚で一〇文の銭が発行されていた。しかし人気が低く、一年ほどで幕府は通用を停止した。額面が一文を超える銭でも、宝永通宝と四文黄銅銭とで対照的な展開を見せた。

さて一七六〇年代に銭の供給量が増えた結果、銭安になった。一般に銭安は武士に有利（第2章）だが、銭安になりすぎると物価高になる。また銭安は銭製造業者が得る収入を実質的に減らすので、彼らが銭製造費用と事業税を支払うのが難しくなる。

そこで幕府は銭安を抑えるため、江戸の銭の流通量を減らそうとした。銭を買い上げ、江戸からの移出を許し、最終的には鉄銭の製造を停止し、黄銅銭の製造量を減らした。なお四文黄銅銭は西日本へも送られたが、大坂あたりまでしか流通しなかった。西日本には藩札などの紙幣があり、それが四文黄銅銭の流通を阻んだためである。

一七八〇年代には江戸・大坂ともに銭安ぎみに相場が安定し、これが一八一〇年代まで続く。銭安になると、西日本で計算貨幣に秤量銀貨を使う慣行が強まった。商人は秤量銀貨単位で取引するため、秤量銀貨高・銭安が有利だったからである。対して庶民は銭の現物で商品を買うため、銭安は不利になる。同じ上方でも社会集団により通貨に対する利害が異なった。

生き残った藩札と私札

田沼政権は紙幣に対しては否定的だった。吉宗は紙幣の通用を解禁したが、田沼政権は一七五九年に金札・銭札の通用と銀札の新規発行を停止し、一七七四年には、発行が止まっていた銀札を再発行することを禁じた。

しかし実際には、諸藩とくに西日本で藩札や私札が発行され続けた。地方社会が紙幣を求めたからである。当時、地方経済が成長して取引のための通貨への需要が増えていた。とはいえ藩は幕府通貨を必ずしも十分に持っていない。また明和二朱銀が供給されると、おつりや端数額の支払いのため、二朱未満の額の通貨への需要が増えた。これらの通貨需要に紙幣が対応した。こういった状況を示す例が、広島藩である。一七六四年に銀札の発行を幕府の許可を得て再開したが、これは庶民の希望を反映していた。発行を再開すると、庶民は銀貨の現物より紙幣を求めた。

私札は、かつての研究では一八世紀にはほぼ絶滅したと考えられていた。しかし近年は研究が進み、発行高は藩札より少ないものの、この時期を通して存在したことが注目されている。例えば伊勢の山田羽書や摂津《せっつ》西部（兵庫県）の伊丹《いたみ》の商人札などの研究が進んでいる。

一八世紀に通貨供給は増えたが物価が安定し続けたのは経済成長に伴う通貨需要があったから、と吉宗のところで述べた。その「通貨」は紙幣も含む。もし幕府が供給した通貨だけだったならば、不足をきたし、深刻なデフレになったかもしれなかった。各種の紙幣もまた経済成長を支えていたわけである。

さて、紙幣の額面単位に関して注目すべきが、銭札の発行件数が、一八世紀後半から一九世紀にかけて増えた点である。銭札の中には高額のものもあった。

この現象の背景の一つに価値尺度としての銭の使用の広まりがある。例えば一八世紀後半の松江《まつえ》藩では、民間での勘定の単位が銀貨から銭へ変わったことを受けて、領主財政の経理でも銭単位が使われるようになった。銭単位勘定が広まったのは、銀貨が不足して銭を代わりに使うようになった結果、高額取引の計算貨幣にも銭を使うようになった、という経緯がある。

銭匁札

価値尺度としての銭の使用や銭札に関して注目すべき現象が二つある。一つが、「銭X匁」という、一見、銀貨建てを示す匁単位だが、実質的には銭建ての経理記録（銭匁《せんめ》勘定）の広まりである。初見は一六六〇年代の弘前《ひろさき》藩のものである。その後とくに一七七〇年代以降、九州や中国・四国の西部、播磨・紀伊など主に西日本で使われた。

もう一つが、銭匁単位の額面を持つ紙幣（銭匁札）の登場である。銭匁札の初見は一七五七年の豊後臼杵《うすき》藩のものである。これは銭匁勘定の慣行の延長にある。

銭匁勘定・銭匁札が成立した当初は、「銭X匁」が示す内実は、秤量銀貨・銭の相場により変動するものが多い。例えば市価が銀貨一匁＝銭七〇文のとき、「銭一匁」は銭七〇文を意味した。銭と、藩外との取引に使う銀貨とをリンクする便宜が背景にあった。

これが後に、例えば松山《まつやま》藩で「銭一匁」＝銭六〇文と定義されたように、「銭一匁」が指す銭額が地域ごとに固定されるようになる。つまり市価での銀貨一匁相当の銭額と等価でなくなる。これは、地域経済の規模が大きくなって地域内で通貨の循環がある程度完結するようになり、地域内で計算貨幣に使っていた銭を基準に固定する方が便利になったためである。

銭匁勘定は政府側による強制でなく、社会慣行が先にあった。行政領域を越えて同じ換算基準が共有されることもあった。例えば備中《びっちゅう》（岡山県）倉敷《くらしき》を中心とする市場圏では一七六〇年代以降、幕府領・藩領を問わず「銭一匁」＝銭七五文とされた。

銭匁単位の私札の存在を前提に、藩が同様のものを発行することもあった。例えば一八世紀後半の熊本藩では、有力町人が発行した銭匁単位の私札が流通した。これに追随して一七八〇年代から藩政府も同様のものを発行し、これが維新後まで流通した。

以上のように、西日本の一部などでは銭匁勘定をはじめ価値尺度として銭を使う、いわば銭遣い圏が存在した。幕府による通貨統合は進んだが、「東の金遣い・西の銀遣い」に加え銭遣い圏が形成されたように、通貨秩序の地域差は完全にはなくならなかった。

松平定信と長谷川平蔵

一七八六年、意次が老中を辞職し、失脚した。翌八七年、吉宗のひ孫・家斉《いえなり》が将軍になる。同年、吉宗の孫・松平定信が老中になり、寛政改革を始める（一七八九年寛政改元）。緊縮財政路線の定信は積極財政路線の意次の政策をことごとく覆した、としばしばいわれる。しかし近年は、田沼政権との連続面があったことも重視されている。その一つが通貨政策である。一七八〇年代は一八世紀後半では珍しい、物価高の時期である。浅間山《あさまやま》（長野県・群馬県）の噴火や寒冷な気候に伴う凶作による、商品の供給不足が主な要因である。

定信は一七八八年、明和二朱銀の製造を停止し、元文銀を増産させた。金貨単位計数銀貨の供給量を限り、秤量銀貨の供給量を増やすことで、金貨単位通貨の価値を高め、秤量銀貨安へ導き、江戸の物価を抑えるためである。ただし製造は停止したが、通用は停止していない。あくまで金貨・銀貨相場を是正しようとしたものであり、田沼政権の通貨政策そのものを否定したわけではない。一七九〇年には、二朱銀を、あまり流通していなかった西日本の各国でも使うよう強制した。結果、金貨単位計数銀貨の使用がむしろ定信政権の時期になって広まった。新井白石が荻原重秀の通貨政策をことごとく覆したことと対照的である。

銭高への誘導も図った。実務を担ったのが、かの火付盗賊改《ひつけとうぞくあらため》（江戸近隣の放火・窃盗・賭博《と ばく》を取り締まる職）・長谷川宣以《はせがわのぶため》（平蔵《へいぞう》）である。荻原重秀の時期以来、幕府は主に銭安への誘導を図ってきた。ではなぜ平蔵は銭高に導いたのか。財政収入が目的である。銭安のときに銭を買い上げて流通量を減らし、銭高になったところで銭を支出すれば利益が出る。その利益を人足寄場《にんそくよせば》（主に江戸外から流入した無戸籍者の収容・更生施設）の維持費にあてた。あわせて平蔵は町人へ、商品価格を引き下げることも命じた。例えば汁粉一杯を一六文から一四文にさせた。

しかし商人は価格を下げる代わりに商品の品質を悪くしたり、量を減らした。銭高への誘導には成功したが、人々は、「物価が実質的に下がらなかったので銭安の方がマシだった」と評した。時代劇では善玉の平蔵が、史実では憎まれることもあったわけだ。

一七九三年、定信は老中を辞職する。その後一八一〇年代まで幕府の通貨システムに変更はない。また一八〇〇年、幕府は明和二朱銀の製造を再開した。庶民が二朱銀の使用に慣れたことが背景にある。

一八世紀を振り返るに、数々の幕政改革において、通貨政策にも重点が置かれた。新井白石の揺り戻しを除くと、おおまかには荻原重秀の品質低下・名目貨幣化路線が受け継がれ、新規格の通貨も投入された。金貨単位計数銀貨の登場のように、金本位制への接近もあった。鉄銭や黄銅銭、そして藩札などの紙幣が庶民の経済生活を支えた。

参考として、当時の東アジアの通貨量に関する統計研究を紹介する。一八〇〇年ごろの日本・朝鮮・中国を比較すると、人口一人あたりの通貨の総量は日本が最も多い。日本の貨幣経済化が進んでいたことを示す。一人あたりの銭の流通量は中国・日本・朝鮮の順である。日本では金貨・銀貨・銭を併用したが、朝鮮・中国は金貨を使わず、高額取引でも銭を使ったことによる。

2　開港前夜の経済成長と小額通貨

水野忠成の積極財政

一九世紀前半は、江戸時代の後期にあたる。諸藩が殖産興業や軍政改革を図るなど、近代化の兆しが現れた。また、ロシアをはじめ欧米諸国から日本へ通商などを求めて来航するようになった。新田開発が進んだこともあり、一八世紀末に底を打った人口は回復に転じ、世紀中葉には三二〇〇万人台になる。

一七九〇年代から一八一〇年代にかけて物価は下がった。松平定信の緊縮財政路線が彼の失脚後も受け継がれ、経済が停滞したことが一因である。

さて将軍家斉のもと、一八一八年、水野忠成《みずのただあきら》が老中になった。忠成の養父・忠友《ただとも》は田沼意次のもとで財政担当の老中を務めた、政権ナンバー2だった。忠友は意次の次男・意正《おきまさ》を養子にしたが、意次の失脚に伴い離縁し、その後に養子にしたのが忠成である。忠成は老中在任中に意正を復権させた。つまり忠成は田沼派の系譜にある。

水野忠成政権は一八一八年（文政《ぶんせい》元年）から一八三二年（天保三年）にかけて、さまざまな新しい規格の通貨を発行した。発行順に列挙するに、文政二分金（初の額面二分＝一／二両の金貨）、文政金（小判・一分金）、文政銀（秤量銀貨）、文政二朱銀、文政一朱金（初の額面一朱＝一／一六両の金貨。江戸幕府唯一の正方形の金属通貨）、文政一朱銀（初の額面一朱の金貨単位計数銀貨）、天保二朱金である。田沼政権を上回る、種類の豊富さである。二分金は、この一連の期間の中で規格が一度改められ、品質を悪くされた。文政金銀の発行は、吉宗の元文金銀以来約八〇年ぶりの基準金貨・銀貨の改定である。二朱単位の金貨は、実は天保二朱金に先んじて荻原重秀の時代に発行されていたが（元禄二朱金）、同じ重秀の時期に通用が停止されていた。それ以来の登場である。

以上の金貨・秤量銀貨・金貨単位計数銀貨はすべて、改定前の同額面のものより品質を悪くしたか、先行する金貨・銀貨に比べて同額面換算で品質が悪い。文政一朱金に至っては金含有率約一二％で、ほぼ銀貨である。小額通貨への需要が増えている限りは品質が悪くても流通する、と幕府は判断したらしい。

また、元文金銀・明和二朱銀の通用が停止された。これにより金貨・秤量銀貨・金貨単位計数銀貨すべてが更新された。新旧通貨の交換に際し増歩はつけられなかった。そうすれば幕府は多額の発行益を得られる。そこが規格改定の目的だった。これにより緊縮財政をやめ、積極財政へ転換する。これら一連の規格改定を経て、発行益そのものが幕府の恒常的な財源として比率を高めていく。

これらの政策に対し、かつての研究は、通貨供給の増加が金貨安・物価高を生む一因になった、と負の側面を強調してきた。

対して、近年の研究は、経済成長を促したとして、肯定的に評価している。供給された通貨が、従来の金貨の最低単位である一分未満、つまり相対的に小額の通貨だったため、小額取引が主である庶民が通貨を使う機会が増えた。このころの一日あたり賃金が日雇い労働者で約一〇〇文、大工で約三〇〇文、かけうどん一杯が一六文、うどん屋で出る酒一合が四〇文、日雇い労働者が住むランクの長屋の家賃が一ヵ月四〇〇文程度である。新規格通貨のうち最低の額面である一朱は法定比価で二五〇文にあたる。毎日の取引といわないまでも、たまにであれば庶民も使う額である。これら小額金貨・金貨単位計数銀貨は、各地の紙幣(後述)とあわせ、同じ小額通貨である銭を節約する効果もあった。二分・二朱・一朱と額面が多様化すると、利便性が高まった。総じて、庶民の通貨需要の増加に対応した。

これら通貨が供給されたことが、近代へ向けて庶民経済が発展する契機になった。通貨供給による幕府の財政収入(発行益)増加→財政支出増加→通貨供給量増加→物価上昇→商品(農産加工品)生産増加→国民一人あたり所得増加、というプロセスが発生したからである。一連の政策の前には物価が下落傾向にあったが、実施後から幕末にかけて長期的に上がった。

紙幣とあわせ通貨供給量全体が増え、同時期に人口が増加したことも商品への需要を増やし、物価の上昇を促した。このころ文芸・歌舞伎・寄席・浮世絵などで知られる化政《かせい》文化が栄えたが、背景の一つにこの経済成長がある。

発行益依存の強まり

一八三四年、水野忠成が没し、入れ替わりに水野忠邦が老中になる。忠成と同じ水野氏だが、家系が異なる。徳川家斉の治世は続いている。

老中忠邦のもとでの最初の通貨政策が、一八三五年（天保六年）の天保通宝《てんぽうつうほう》の発行である。青銅製で、長円形である。従来の銭と異なり円形でないが、銭の範疇《はんちゅう》のものとして発行された。裏面に「当百」と表記されている。額面一〇〇文であることを示す。日本史上、額面を現物に明示する初の銭である。発行の目的は銭不足の緩和と発行益の獲得にある。

天保通宝

天保一分銀

一八三七年、忠邦は財政担当

の老中になった。同年、金貨・秤量銀貨の規格を改めた。天保金銀である。ともに品質を悪くした。

また同年、新規格の通貨を発行した。天保一分銀である。初の額面一分の金貨単位計数銀貨である。表面に「一分銀」とある。額面を現物に明示する初の金貨単位計数銀貨である。天保一分銀四枚と文政二朱銀八枚（ともに金貨一両相当）とでは、銀の純量は天保一分銀四枚の方が少ない。事実上の品質悪化である。

以上の通貨政策は主に財政収入を目的とした。新旧の金貨・銀貨は等価で交換させた。忠成政権のときと同じく、通貨発行益を得るためである。一八三〇年代の凶作が天保の飢饉を起こしたが、発行益が年貢の減収を補い、次に行われる天保改革の財源をまかなった。裏を返せば、幕府財政の年貢への依存が弱まった一方で、通貨発行益に強く依存するようになったわけである。

通貨の天保改革

一八四一年、家斉が没し、水野忠邦が天保改革を始める。

その背景に物価高がある。そもそも物価が上昇傾向にあったところで天保通宝や天保金銀・天保一分銀が投入され、通貨供給量が増えた。そのことが物価高をさらに促した。これを抑えることが天保改革の政策課題の一つだった。また、米高や物価高に伴い、庶民による、商人などに対する集団的・威圧的価格交渉や暴動（打ちこわし）が頻発した。幕府にとって、物価を抑制して庶民生活を安定させることが治安政策として必要になった。

そこで忠邦は政策を転換する。銭高・物価安へ導くため、一八四二年に天保通宝の製造を停止し、銭の供給量を抑えた。また、当時の市価が金貨一両＝銭六八〇〇〜六九〇〇文まで銭安が進んでいたのに対し、法定比価を金貨一両＝銭六五〇〇文と、銭高気味に改めた。一七〇〇年以来の法定比価の改定である。加えて江戸への銭の移入を禁じることでも、銭の流通量を抑えようとした。

同年、文政金銀・文政二分金・文政二朱銀・文政一朱銀の通用を停止した。なお文政一朱金はすでに一八四〇年に通用が停止されている。結果、水野忠成政権による金貨・銀貨すべてが通用を停止された。一朱（法定比価で約四〇〇文）単位の金貨・銀貨がなくなったニッチは、天保通宝と各地の紙幣が埋めた。

一八四三年、すべての金貨・銀貨の製造を停止した。また未遂ながら、金貨・銀貨を良質化することも検討された。これらは総じて、通貨供給量を減らすことで通貨高・物価安へ導く目的があった。

天保金銀の総製造高はその前の文政金銀のそれより少なかった。一方で、幕府は天保二朱金・天保一分銀の製造に力を入れた。結果、これら小額の計数金貨・金貨単位計数銀貨が幕府通貨の主力になっていった。

これを反映するのが、少し時期が降るが、一八五〇年代末の高松《たかまつ》藩の状況である。高松藩は銀貨単位藩札の兌換レートを金貨一両＝秤量銀貨七四匁五分に固定し、事実上の金遣いに転じた。またこの藩札は主に天保二朱金に兌換された。秤量銀貨の現物がほぼ流通しなくなった一方で、それだけの二朱金が高松藩で普及し、人々に好まれていたわけである。このように銀遣い圏でも幕府の小額金貨が普及し、金貨単位による通貨統合がさらに進んだ。

一八四三年、忠邦は罷免され、天保改革が終わる。天保改革での通貨政策の結果だが、忠成の時代に比べて通貨の種類を絞ったが、小額金貨・金貨単位計数銀貨が幕府通貨の主軸になっていく、という流れは続いた。通貨量に占める小額通貨の比は、その後幕末まで増え続けた。明治維新のころには、流通する通貨の九割以上が一両未満の額面のものだった。小判の流通量は減り、価値蓄蔵手段の性格が強くなった。

なお忠邦の罷免後、幕府は金貨・銀貨・天保通宝の製造を再開した。通貨供給量を増やす方向に戻したわけだ。発行益への依存再び、である。

このころの天保通宝につき興味深い記録がある。一八五三年、江戸の両替屋組合が、周辺農村地域の銭相場を引き下げるよう、幕府へ求めた。銭高の理由について組合の嘆願書いわく、「周辺の農村の庶民には金貨・銀貨の良し悪しの判断が難しいので、天保通宝を好み、ためこんでいる」。庶民にとって通貨の品質より、むしろ利便性が選択の基準だった。そのことが天保通宝への需要を増やし、銭高を生んでいた。

藩札・私札の全盛

一九世紀前半の紙幣について、ここでまとめておこう。

一八世紀後半に田沼政権は金札・銭札と、許可した以外の銀札の通用を停止したが、水野忠邦が老中だった一八三六年にも幕府は同様の法を布告した。つまり幕府は一九世紀に入っても紙幣の発行を制限し続けた。

しかしこの法は守られず、さまざまな藩札・私札が発行された。一九世紀前半はむしろ江戸時代における紙幣発行の全盛期であり、とくに一八三〇年代から幕府が崩壊する一八六〇年代にかけて発行高が増えた。

その背景に、一八世紀と同じく、経済成長の一方で小額通貨が不足したという状況があった。一八一〇〜三〇年代に新規格の小額金貨・金貨単位計数銀貨が供給されて、それら額面未満の通貨への需要（おつりなど）が増えたことへも紙幣は対応した。

一九世紀前半の藩札の例に、佐賀藩の「米筈《こめはず》」がある。これは額面は米単位だが米には兌換されない、事実上の銭札である。銭不足のもとで庶民の通貨需要に対応し、安定した価格で使われた。

藩札だが、一九世紀には西日本だけでなく東日本でも発行が増えた。また、財政補塡だけでなく、産業政策の一環としても発行された。藩が藩札を対価に領内の特産品を独占して仕入れ、大坂など領外で売って幕府通貨を得るという、専売・殖産興業政策である。入手した幕府通貨の一部は兌換準備にあてられ、藩札の価値を維持する要因になった。

私札の発行は一九世紀、とくに第3四半期に急増する。有力商人が発行した札は、商人への信用ゆえに、えてして藩札より信用が高かった。

当時の私札の中で少数派ではあるが、書式に特徴があるのが、手形札である。例えば一八三〇年代から六〇年代に摂津西部の商人らが発行したものがある。両替商に預金口座を持つ商人が、その札と金属通貨への交換を両替商へ委託する形式である。持参人は両替商で金属通貨と交換できる。

形式は現在の為替手形や小切手に近いが、これが紙幣とされるゆえんは、額面が端数がない額（銀一匁など）で定額化し、内容がまったく同じものを多数印刷している点にある。通貨として使われることを想定して、個別の使用者の需要に関係なく、同額面のものを大量に製造しているわけである。形態も一般的な手形より小ぶりで厚手である。また譲渡の際に裏書（手形の権利を他人へ譲る意志を示すために署名すること）がいらず、匿名性を持つ。これらの点で近代的な紙幣に近い。

藩札と私札とが地域内で共存することもあった。例えば一八世紀末から一九世紀にかけて松江の商人が発行した連判札《れんぱんさつ》（銭札）と松江藩札がある。前者の額面は主に一貫文以上で、後者はこれより額面が小さかった。両者は額面上で棲《す》み分け、幕末まで流通した。

一九世紀前半には私札と藩札との境界的なものも目立つ。例えば金沢藩領高岡《たかおか》の預り手形がある。藩は財政補塡のため、有力商人らに銀貨を納めさせ、相当額の預り手形の発行を認めた。藩はこれを一般的な通用だけでなく、納税の支払いにも使ってよい、とした。

参考として手形について触れる。一九世紀に、両替商を支払人とする手形を使う取引が普及し、幕府通貨の使用を節約した、ということがしばしば語られる。しかしこれら手形は両替商に口座を開設できるそれ相応の規模の商人が使うものである。零細商人や庶民が使うものではない。また手形は主に上方で使われ、江戸や名古屋では現金決済が主だった。

ここで本章で登場した通貨の歴史的意義についてまとめる。小額通貨が量的に増えたことで庶民が通貨を使う機会が増え、近代へ向けて経済が発展する背景になった。幕府通貨の質は下がり、素材価値と額面とが乖離《かいり》した名目貨幣の性格を強めた。紙幣の使用も広まった。名目金属貨幣と紙幣を使った経験は、明治に入り政府紙幣や銀行券が流通する前提になった。

また、江戸時代の段階で金本位制へ近づき、金貨による通貨単位の統一が進んでいたので、明治になって円単位の単一通貨体系へ移行するときに円滑にいった。言い換えれば、一八～一九世紀前半の経験が近代日本の通貨制度の前提にあった。江戸時代に通貨の近代化への助走がすでに始まっていたわけだ。ただし結果論である。その時々の政策はその時々の課題、つまり財政補塡や武士身分の利益の確保が目的にあった。

近世の北海道と沖縄

近世の北海道・沖縄の通貨は、日本の政策から少なからず影響を受けた。

北海道の近世は、渡島半島で一五世紀以来、日本人入植地のリーダーだった蠣崎《かきざき》氏（後の松前《まつまえ》氏）に、一五九三年、その領有と蝦夷《えぞ》地交易の統制権を秀吉が認めたときから始まる。後に家康もこれを追認した。松前藩の成立である。

松前藩は金遣い圏だった。ただし日本人とアイヌとの貿易は物々交換だった。貿易の計算貨幣には米が使われた。

蝦夷地アイヌを通じ、カムチャツカ半島やサハリンへも日本の商品とともに寛永通宝が流入した。ただしこれら各地で寛永通宝は通貨でなく、装身具として使われた。

一七九九年、幕府は東蝦夷地を直轄地にした。開発と、ロシア人の接近に伴う国防強化のためである。直轄化に際し、幕府の蝦夷地担当官僚がアイヌ教化策を立案した。その中で日本語教育や衣食住の日本化に加え、銭の使用を挙げている。アイヌが銭を通貨に使っていなかったからこその提案である。幕府は蝦夷地へ寛永通宝鉄銭一万貫文を送り、対アイヌ貿易や雇用したアイヌの労賃の支払いに使い、通用を促した。鉄銭だけにしたのは、金貨・銀貨・銅銭が国外へ流出することを恐れたからである。

一八〇七年には全蝦夷地が幕府領にされた。しかし結局銭が普及したのは東蝦夷地だけだった。その後対ロシア緊張が緩和したため、幕府は一八二一年に蝦夷地を再び松前家領にした。すると銭は回収されて使われなくなり、物々交換へ戻った。ただし東蝦夷地の交易では計算貨幣として銭が使われ続けた。

沖縄の近世は、一六〇九年の薩摩藩による武力制圧から始まる。これにより琉球王国は、独立国家であるものの、江戸幕府や薩摩藩へ従属する立場に置かれた。

琉球は一七世紀に入っても日本から銭を輸入し続けた。薩摩藩は、領内で寛永通宝が広まると、不要になった加治木銭を琉球へ輸出した。琉球王府はこれを使って無文銭を製造した。

琉球産の無文銭には王府が発行したものと、民間製のものとがあった。琉球人は判別できたが、琉球に来た中国人にはできなかった。無文銭は緡銭にされて使われた。結び目は紙で封じられ、そこに印が捺《お》された。ほどくと通用しなかった。

無文銭の製造はあったものの、銭の供給を日本に依存する傾向は強まった。一六六二年、薩摩藩は王府の願いにより、琉球での寛永通宝（琉球では京銭と呼ばれた）の通用を認めた。このころから琉球の庶民は無文銭よりも寛永通宝を好んで使うようになる。無文銭が軽少で破損しやすかったためである。軽少だったのは、琉球で銅が生産されず、素材が不足したためである。

一八世紀も日本からの銭の輸入が続いた。幕府が銀貨の輸出を制限したため、薩摩藩が砂糖など琉球の商品を日本銭で買いつけるようになったのが一因である。

無文銭は王府により回収され、倉庫に貯蔵された。琉球へ清からの使者が来たとき、無文銭が放出され、琉球の人々により市場で中国銭とともに無文銭が使われた。寛永通宝の存在を通して日本による支配が明らかになれば清と外交摩擦が起こりかねない。それを避けるためのデモンストレーションである。使者が帰国すると無文銭は再び回収された。

一七六〇年代に日本で寛永通宝鉄銭が増産されると、すぐさま薩摩藩を通じて琉球へ流入した。これ以後、寛永通宝の青銅銭と鉄銭とが併用された。近世の琉球では清の銭も流通したが、主要はあくまで寛永通宝だった。一八世紀は琉球王府の儀礼や文化の中国化が進んだが、通貨圏は広い意味で日本に属した。

近世の琉球では寛永通宝一文銅銭と同一文鉄銭がともに一枚で無文銭「五〇文」とされた。

こういった、無文銭を基準銭とする会計を鳩目《はとめ》勘定と呼ぶ。無文銭が琉球で鳩目銭と呼ばれたことによる。現物としては主に日本銭が使われた一方で、流通から消えていたにもかかわらず無文銭を計算貨幣に使ったのは、中世に琉球が独自の通貨秩序を築いていた延長にある。なお金貨・銀貨は貿易支払いでのみ使われ、庶民は使わなかった。

以上のように、領土化が進む北海道で日本通貨が必ずしも定着せず、独立国家である沖縄で通貨の日本化が強まるという、対照的な展開を見せた。

第4章　円の時代へ〈幕末維新～現代〉

1　通貨近代化の試行錯誤

日米修好通商条約と通貨交渉

現在の私たちが日常使う「円」単位の通貨は、一九世紀後半における経済・通貨の近代化とともに登場した。本章ではその経緯と、登場後から現代までの流れを追う。

一九世紀後半は、江戸時代の終わりから明治の過半にあたる。幕末の混乱を経て明治維新が起こり、その後殖産興業、憲法発布、帝国議会開設、条約改正など、社会のさまざまな側面の近代化と欧米へのキャッチアップが図られた。また日清戦争などによる帝国主義的な版図拡大もあった。環境的には寒冷化の後退と耕地の拡大によって食糧事情が改善したこともあって、人口は増え、世紀の終わりには四〇〇〇万人台になった。

一八五三年、アメリカ東インド艦隊司令官・ペリーが来航した。翌五四年に日米和親条約が調印され、外国船への食糧や燃料補給などのための開港が行われた。その後、一八五八年調印の日米修好通商条約に基づき、翌五九年に通商開港が行われた。中国・オランダ・朝鮮・琉球以外も含めた自由貿易が始まり、日本は近代的世界市場へ開放された。この通商開港からが日本経済史の近代である。

このころ国防費が増えていた。それを通貨発行益でまかなうべく、幕府は小額金貨・銀貨の規格を改めた。一八五四年（嘉永《かえい》七年）発行の嘉永一朱銀、一八五六年（安政《あんせい》三年）発行の安政二分金である。発行益を得るため旧金貨・銀貨より品質を悪くした。

日米和親条約の調印後、通商開港に向けての日米交渉が始まった。争点の一つが双方の通貨の交換比価である。アメリカは日本との貿易で、当時のアジア市場の貿易通貨だったメキシコドル銀貨（洋銀）を使おうとした。それを幕府は銀の地金と見なした。洋銀一枚の素材価値（銀純量約二四グラム）を分析したところ、幕府が定める銀地金買い上げ基準で秤量銀貨（天保銀）一六匁に相当する、との結果を得た。なおこれはあくまで幕府による買い上げ価格であり、秤量銀貨一六匁が含む銀純量は洋銀一枚分より少ない。秤量銀貨一六匁は幕府の法定比価である金貨一両＝秤量銀貨六〇匁で換算すると約一／四両、つまり一分に相当する。そこで洋銀一枚と、額面一分の金貨単位計数銀貨である天保一分銀一枚とを一対一で交換する、と日本側は主張した。

対してアメリカの駐日総領事ハリスは、当時欧米諸国の間で行われていた、同じ銀貨なら ば同じ質量のものを交換する方式（同種同量原則）を採用するよう求めた。一分銀一枚の銀 純量が約八・五グラムなので、洋銀一枚を一分銀三枚と交換すべきだ、と主張した。

おかしな話である。同種同量原則そのものはともかくとして、交換の対象になる一分銀は、額面は素材価値と関係なく、幕府法により額面が金貨単位で一分と定義されている金貨単位計数銀貨であり、名目貨幣かつ補助貨幣である。本位貨幣ではない。しかしアメリカは金銀複本位制であり、金・銀の比価を法で定め、一ドルを定義する金属に金・銀双方を使っていた。そのため、一分銀を名目貨幣・補助貨幣として使うしくみにハリスは理解を示さなかった。

結局、アメリカの主張に沿った形で、日米修好通商条約が調印された。外国通貨は日本通貨と同種同量原則で通用し、開港後の一年間は日本政府が外国通貨を日本通貨に交換する義務を負う、とされた。

金貨流出のメカニズム

洋銀一枚を一分銀三枚と交換することになったわけだが、するとどうなるか。理屈でいえば次の通りである。外国商人が日本で洋銀一枚を金貨単位計数銀貨である一分銀三枚に交換し、それを金貨（天保金）三分に交換する。天保金三分を日本の外へ持ち出す。当時の国際的な金・銀比価は質量ベースで金一：銀一六だった。天保金三分に含まれる金純量は約四・八グラムである。だから天保金三分は日本の国外では銀約七七グラムと交換できる。これは洋銀約三枚にあたる。洋銀三枚を持って来日して一分銀九枚に交換し、さらに天保金九分に交換し、国外で洋銀九枚に交換する、……というサイクルを繰り返せば外国商人はとめどなく利益を得られる。日本からすれば金貨が大量に流出し、通貨システムが混乱しかねない。

この問題が起こったのは金貨単位計数銀貨を銀地金と見なした場合、金貨との比価が国際水準より銀高だったためである。額面一両相当の比価は金・銀純量ベースで天保金一：天保一分銀五だった。銀の価値が国際水準の約三倍である。なお銀高であるのは秤量銀貨も同様だった（法定比価で天保金一：天保銀九）。

日本国内の銀高は、金貨・銀貨の規格をしばしば改めた一方で、金・銀地金の国内売買と輸出入を幕府が統制し、国内の金貨・銀貨・金貨単位計数銀貨の比価と国外の金銀比価とを分断したことで起きた。金・銀地金の売買と貿易を幕府が管理できていたからこそ、国外での金・銀の価格変動に関係なく、通貨の規格を改めたり金貨単位計数銀貨を通用させることができた、ともいえる。

もし外国通貨の日本での使用と日本通貨の輸出とが制限されていれば金貨は流出しないのだが、日米修好通商条約でこれを認めていた。日本通貨の輸出許可条項は日本側の提案だった。なぜそのような不利な条件を日本自らが示したかというと、外国に対して恩恵として貿易を認めてやる、という尊大な意識による。この文脈で貿易政策を決めるのは、新井白石もそうだったように、幕府の伝統的な外交態度だった。外国人の国内旅行と京都滞在を拒否するための交換条件という、通貨以外の争点での駆け引きの結果でもあった。

したたかな通貨外交

とはいえ、放っておけば金貨が流出しかねないことは幕府もわかっていた。そこで手を打つ。一八五九年、開港の前日、金貨と金貨単位計数銀貨の規格を改めた。安政金（小判・一分金）と安政二朱銀である。安政金は天保金より品質を悪くした。対して、安政二朱銀は良質化し、通用が続いている天保一分銀より銀純量が多くなった。額面が小さい方が素材価値が高いという逆転現象である。そのため安政二朱銀は「バカ二朱」と呼ばれた。

銀純量は洋銀一枚＝安政二朱銀二枚であり、同種同量の原則によりその通り交換されることになる。規格改定の結果、額面一両相当の比価が金・銀純量ベースで安政金一≒安政二朱銀一七と、国際水準より銀安になった。そのため、外国商人が洋銀→安政二朱銀→安政金と交換して輸出しても、利益は出ない。つまり金貨単位計数銀貨の品質をよくすることで、言い換えれば金地金に対する銀地金の価値を切り下げることで、金貨の流出を阻止しようとしたわけだ。

開港した。規格改定がなければ洋銀一枚は天保一分銀三枚＝三分に交換されるはずだったが、前日の規格改定の結果、安政二朱銀二枚＝一分に交換されることになった。外国にとっては洋銀の購買力が目論見の一／三になった。安政二朱銀の発行について幕府は外国と事前協議をしなかったので、外国は抗議した。幕府はこれに屈し、安政二朱銀の通用をわずか二〇日ほどで停止した。

しかし安政一分銀をせっせとつくって外国に渡せば、それが日本の金貨に交換され、金貨が流出してしまう。そこで幕府はいろいろと手を打った。まず、国内で新旧金貨を交換するときに、世紀前半の水野忠成や水野忠邦のとき（第3章）と異なり、交換増歩（旧貨と新貨を交換するときに出すおまけ）をつけた。安政金の素材を調達するため旧金貨の回収を促し、かつ国外への流出を抑えるためである。また、一分銀の在庫がなくなったという理由（嘘？）で交換を拒否した。

ハリスが逆提案した。「洋銀を素材に一分銀をつくればよいではないか」。幕府は、条約で日本はその手数料を取らないことになっているので応じがたい、と難色を示したが、最終的にはこれを受け入れ、同年、一分銀の規格を改めた（安政一分銀）。銀含有率は洋銀と同様であり、天保一分銀より低い。これが幕末まで製造されることになる。

幕府も粘る。江戸城本丸の火災を理由に、洋銀と一分銀との交換を停止した。江戸城が焼けたことがなぜ交換を停止する理由になるのか理解できないが、何かと理由をつけて一分銀を出し渋ったわけだ。加えて、安政一分銀の製造をわざと遅らせた。

ハリスも黙っていない。「一分銀を出せないというなら、洋銀に『三分』の刻印を打ち、一分銀三枚相当として通用させてはどうか」、と提案した。

改三分定洋銀

幕府はこれを受け入れた。この、刻印を打った洋銀を改《あらため》三《さん》分《ぶ》定《さだめ》洋銀と呼ぶ。一七世紀にオランダが小判に自国の刻印を打って植民地ジャワの通貨にした（第2章）が、幕末の日本も同じようなことをしたわけだ。この少し前に幕府が納税・商取引での洋銀使用を許したこととあわせ、一六七〇年にビタの通用を停止して以来ひさびさに、外国通貨の通用が公認された。

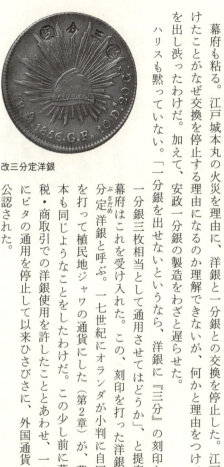

洋銀は開港場では市価で取引された。当時は日本の輸出超過だったので、外貨の供給がだぶつき、相場は日本通貨高・洋銀安だった。洋銀に刻印がなければ市価で取引できるが、あれば三分での通用が法で強制される。それは日本の商人たちにとって損になりかねなかった。そのこともあり日本の商人や庶民は改三分定洋銀を敬遠した。

以上のように、開港後も幕府は粘り強い通貨外交を続けた。外国側のリード気味に展開したが、日本側もただ受身だったわけでもなかった。

なお同年、秤量銀貨の最後の規格改定があり、安政銀（秤量銀貨）が発行された。銀含有率はこれまでで最低である。発行益を得ることを目的とした。

万延金と経済混乱

一八六〇年（万延《まんえん》元年）、開港を主導した大老・井伊直弼《なおすけ》が攘夷《じょうい》派（排外論者）に江戸城の桜田門《さくらだもん》外で暗殺された。

同年、金銀比価問題を解決するため、金貨の最後の規格改定が行われ、万延金（小判・一分金）が登場する。万延小判の質量は一文鉄銭一枚とほぼ同じで、史上最小の小判である。一両相当の比価は金・銀純量ベースで万延金一≒安政一分銀一五となった。金貨の品質を悪くすることで、言い換えれば銀地金に対する金地金の価値を上げることで、国際水準にあわせたわけだ。外国にとっては洋銀→金貨単位計数銀貨→金貨と交換しても利益が得られなくなる。結果、理屈の上では、日本からの金貨の流出が収まることになる。

幕府が万延金を発行した背景にはハリスの勧告があった。アメリカ・イギリスの産業資本は日本への商品の輸出を望んでいたが、投機筋による金貨買いと金貨の流出が日本人の対外感情を悪化させて攘夷運動を激化させ、貿易に支障が出ることを恐れた。そこで、金貨の流出が起きないように金貨・銀貨の比価を改めるよう求めたわけである。

万延金が発行されて金貨の規格は変わったが、金貨単位計数銀貨（安政一分銀）の規格は変わらなかった。洋銀と同種同量交換されるのは金貨単位計数銀貨なので、日本の商品（価格が金貨建て）に対する洋銀の購買力は変わらない。だから外国は賛成できる。先の安政二朱銀は、国際比価に合わせはしたが、外国側が持つ洋銀の購買力を下げることになったために外国から反対されたことと対照的である。

以上のように、万延金を発行した理由は、国際要因という他律的なものだった。これ以前の規格改定の契機が発行益の獲得や国内金貨・銀貨相場の調整など、自律的なものだったこととと異なる。

万延小判・一分金と同時に万延二分金・二朱金が発行された。それぞれ、安政二分金・天保二朱金そして万延小判・一分金より品質を悪くした。これにより幕府は発行益を得た。幕末までの発行高は万延金が約六二万両、二分金・二朱金が約五〇〇〇万両だった。流通する主要な金貨は二分金になった。

万延二分金

以上の規格改定により二つの現象が起きた。まず、日本の金貨・金貨単位計数銀貨の比価が質量ベースで国際的な金・銀比価に等しくなった。これにより金貨の流出が収まった。

ただしこの時期の金貨の流出量は、従来の研究の推計より少ないと考えられている。というのも先に述べたように、幕府はあの手この手で流出の阻止を図った。また、開港の後の外国商人による金貨買いを見越して、日本の商人は開港の前から金貨を買いためた。金貨への需要が増えて、その市価が上がった。さらに、外国人は金貨を得るためにまず洋銀を金貨単位計数銀貨である一分銀に交換する必要があったが、一分銀の供給が不足した。そのため外国人は期待通りには金貨を得られなかった。要は、万延金が発行される前に、幕府の政策とは関係なく、国内で金貨高になり、国際水準へ近づいていたことが、金貨の流出を抑えた。万延金の規格は市場での金貨高傾向を追認したものともいえる。

金貨の流出を抑えた要因は国外にもあった。外国商人は日本で一分銀と交換するための洋銀を、日本で得た金貨を対価に中国（香港《ホンコン》・上海）で調達した。すると中国で洋銀の需要が増え、かつ金貨の供給が増えたので、洋銀高・金安になった。結果、外国商人が得られる利幅が小さくなっていった。このことも流出を抑えた。

もう一つの現象として、日本国内で物価が騰貴した。国外の金銀比価にあわせるため、万延金の発行に先んじて、幕府は旧金貨を増価した。例えば安政金一両は二両二分三朱として通用することになった。名目価値が約二・七倍になったわけだ。しかし商品の供給はすぐにはそこまで増えない。輸出が盛んになったこともあり、国内では商品が不足し、食料品をはじめ物価が上がった。そのため、「物価高は外国人のせいだ」という、日本人の攘夷感情が強まった。また、むしろこちらが主因だが、一八六四年から始まる幕府の長州《ちょうしゅう》藩（山口県）への出兵などに伴う財政支出の増加や、その他幕末の政局・社会の混乱も、物価高を促した。そのため、一揆や打ちこわしが頻発した。

さて、日本の金貨の規格が改定されたため、外国商人は一分銀を買いあさることをやめ、一般の商品を仕入れるために洋銀を使うようになった。日本側としても、洋銀の受領を拒否すると、商品を外国へ売れなくなる。そのためこの後、洋銀が貿易通貨として定着した。

万延金の発行と同じ一八六〇年に幕府は同種同量交換を停止し、洋銀は秤量銀貨と同様に時価通用とされた。このころは日本が輸出超過だったため、洋銀安が続いた。幕府の金貨単位計数銀貨だけでなく金貨も素材の多くは洋銀だった（万延二分金は七八％が銀）ので、それらの製造原価を抑える効果があった。結果、幕府は通貨発行益を得て、財政を維持した。

しかし、幕府が倒れる直前になると発行益が得られなくなった。日本が輸入超過に転じて外貨高つまり洋銀高になったため、金貨の製造原価が上がったことによる。また、財政支出が増えたため金貨を増発する必要があったが、その素材となる旧金貨の回収を促すため、増歩の率を増やしたことも一因だった。発行益への依存を強めていた幕府はじり貧に陥った。

銭不足対策

ここまで幕末の金貨・銀貨について述べたが、次に銭について見てみよう。幕府は採算のあわない銭の製造に消極的だった。その一方で開港後、銅銭は中国へ輸出されていた。中国では銅銭が日本より高く評価されたためである。修好通商条約は銅銭の輸出を禁じていたので、これは密輸である。

結果、国内で銭が不足した。庶民の日常取引でおつりの支払い拒否が起きるほどだった。開港直後の通貨流出は金貨より銭の方が深刻だった、という説もある。

対策として幕府は、万延金の発行と同じ一八六〇年に、鉄製で額面が四文の寛永通宝（精《せい》鉄《てつ》四文銭。以下「四文鉄銭」）を発行した。初の額面四文の鉄貨である。物価が上がっていたので採算が合うと見込まれた。

しかし四文鉄銭は不人気だった。同じ額面であるにもかかわらず、四文黄銅銭の方が好まれ、その市価が上がった。そのため一八六三年（文久《ぶんきゅう》三年）、幕府は四文鉄銭の製造をやめ、代わりに額面四文の青銅銭を発行した。文久永宝《ぶんきゅうえいほう》である。日本で政府が新規に発行した最後の円形方孔銭である。

これらの銭を供給したが、素材価値が高い銅銭がためこまれたり、国外へ流出したため、銭が不足し続けた。先に述べた、商品不足による物価高も続いた。

銭不足への次の策として幕府は一八六五年、一文鉄銭を基準銭（一枚＝一文）とし、鉄銭・天保通宝以外の銭を自由相場で使うことを認めた。これを受けて両替商組合は幕府へ次の比価を申請し、許可された。すなわち、四文黄銅銭＝一二文、文久永宝＝八文、一文青銅銭のうち良質のもの＝六文、それ以外の一文青銅銭＝四文、である。すべて九六文の約数であるのは九六省陌（第3章）の便である。増価された銭がしまいこまれず交換に使われるようになると、銭の流通量が過剰になった。そのため今度は銭安になり、物価高が促された。これはこれで庶民を苦しめた。物価は通貨供給量だけで決まるわけではないが、バランスをとることは難しかった。

以上のように、素材・額面がさまざまな種類の銭を幕府は供給した。幕末段階の銭の総量に占める割合は、数量ベースで、一文鉄銭が約七九％、四文鉄銭が約一％、一文青銅銭が約一％、四文青銅銭（文久永宝）が約一一％、一〇〇文青銅銭（天保通宝）が約五％、四文黄銅銭が約二%で、圧倒的多数が鉄製である。第3章でも述べたが、吉宗の時代から幕末までは、銭といえば鉄、という時代だった。

幕末も最末期に至り、幕府紙幣が登場する。日本初の中央政府による紙幣である。実は一八世紀前半以来、幕府は紙幣の発行を数回策定していたが、ようやく実現したのは、将軍慶喜《よしのぶ》が朝廷へ政権を返すことを申し出る(大政奉還《たいせいほうかん》)ことになる一八六七年だった。江戸横浜通用金札・兵庫開港札という。すべて金貨単位である。貿易での支払いや居留地建設資金の調達を主な目的とし、両替商を発行組織に組み込む点で、藩札と似たところがある。しかしすぐに幕府が倒れたため、これら紙幣は目的を果たさなかった。

幕末の地方では、小額通貨が不足した。そのため諸藩は藩札や、幕府通貨に準ずる金属通貨や独自の金属通貨を発行した。例えば仙台藩は幕府の許可を得て寛永通宝一文鉄銭を製造した。秋田藩は領内限定通用の一両判など事実上の金貨単位計数銀貨を発行した。

幕府通貨の偽造もあった。薩摩藩・土佐藩の偽造天保通宝が有名である。小額通貨不足を補塡する目的に加え、上方など自領の外で使うことでそれら藩は利益を得た。薩摩藩の例は、開港で自由貿易が始まったために琉球貿易のうま味がなくなり、代わりの財源を求めた一環でもある。これらも幕末維新期の経済が混乱する一因になった。

新政府を悩ませた悪贋貨

明治天皇による幕府廃止と新政府発足の宣言（王政復古《おうせいふっこ》の大号令）を経て、一八六八年、新政府と旧幕府勢力との内戦（戊辰《ぼしん》戦争）が始まる。この年、明治に改元される。新政府が成立したからといってその瞬間に社会のすべてが変わったわけではない。通貨のしくみについても、当面は江戸幕府のものが受け継がれた。以下、新政府の通貨政策を見てみよう。

まず金属通貨についてである。新政府は、まずは幕府の通貨制度をそのまま継承した。戊辰戦争が始まったころ、当時流通していた幕府通貨や洋銀の通用を認め、通用を停止されていた旧貨も市価で使ってよい、と布告した。

同年、新政府は江戸を占領した。金座・銀座を接収し、新政府の通貨製造部局である貨幣《かへい》司《し》の管轄下に置いた。貨幣司は江戸幕府の通貨をモデルに、貨幣司二分金（金貨）、貨幣司一分銀・貨幣司一朱銀（金貨単位計数銀貨）、天保通宝を製造した。江戸で製造したものは戊辰戦争の軍事費を、大阪の支署で製造したものは京都の新政府（このときはまだ遷都していない）の一般財源を調達することが主な目的だった。

同年、幕府秤量銀貨の通用ならびに計算貨幣としての使用を停止した（銀目《ぎんめ》廃止令）。目的は金属通貨をすべて計数貨幣にし、計算貨幣を金貨に統一する点にあった。幕府の政策を否定したように見えるが、江戸時代に進んでいた金貨による通貨単位の統一の延長でもある。

日本史上、秤量通貨の通用がこれで終わる。これに対応して、従来の銀札（額面が秤量銀貨単位）の多くは銭札へ改造された。

このころ偽造の二分金や一分銀が氾濫《はんらん》した。民間や外国人が製造したものに加え、薩摩藩・土佐藩・広島藩など西日本や、会津藩など戊辰戦争の戦場となった東北のものが多い。銀を土台に金メッキをしただけの「二分金」もあった。また、新政府が製造した金貨・金貨単位計数銀貨も品質が悪かった。そのため、藩などが偽造したものと新政府のものとをあわせ、悪贋貨《あくがんか》と呼ばれる。三都の両替商が当時扱った二分金のうち、七〜八割が偽造だった。悪贋貨が大量に供給されたことで、幕末以来の物価高がさらに進んだ。

悪贋貨は外交問題も生んだ。諸藩は悪贋貨で外国から武器や艦船を買ったが、これら金貨・銀貨の市価が下がったため、外国は新政府へ対処を求めた。新政府は一八六九年、戊辰戦争がまだ終わっていない段階で、貨幣司二分金・一分銀の製造を停止した。また、金貨・銀貨の発行権は新政府のみにあり、私造者を処罰する、と外国へ対して宣言した。

しかし薩摩藩などは製造し続けた。新政府の主導者の一人、大久保利通《おおくぼとしみち》は自身の出身である薩摩藩へ、「藩の利害より国家全体の利害を優先すべきである。製造を停止せよ」と求めた。通貨に関する外交を通じて、個別の藩を越える国益という観念を政府高官が認識するようになったわけだ。これが後の廃藩置県《はいはんちけん》（大名による自治の廃止）の背景の一つとなる。

太政官金札・民部省金札

次に紙幣について見てみよう。少しさかのぼって一八六八年、新政府は政府紙幣（政府が発行する紙幣）である太政官《だじょうかん》金札（太政官札とも）を発行した。額面は一〇両〜一朱という、幕府金貨と同じ単位である。額面ベースで、発行高の約八七％が一両以上の高額面のものだった。江戸時代までの紙幣と同じく縦長型である。

発行の目的の一つが、金融面にある。政府が藩や民間へ勧業資金として太政官金札を貸し、後に利子をつけて返させる、というものである。このころ新政府で財政を主導し、太政官金札の発行を建議した由利公正《ゆりきみまさ》は、福井藩時代に同様の政策を行っていた。その経験をフィードバックしたものである。方法としては新しくない。藩領を越えた流通を想定している点も、幕末の幕府紙幣と共通する。

もう一つが、財政面であり、むしろこちらが主だった。戊辰戦争の軍事費など新政府や藩の支出にあてる、というものである。

太政官金札につき、かつての研究は、新政府に信用がなかったために流通範囲が三都にほぼ限られ、市場では価値が下がったと、消極的に評価してきた。しかし近年は積極的に評価されている。

太政官金札（縮小）

一八六九年に政府は、太政官金札と、後に発行する予定の金属通貨との兌換を布告した。また藩や府・県（旧幕府領）へ太政官金札を配り、これと交換する形で悪贋貨を回収した。流通する金貨・銀貨には悪贋貨が混ざっているかもしれないが、それを判別できない人もいる。悪贋貨をつかまされるより太政官金札の方がマシ、という理由でも太政官金札は受け取られた。藩札と異なり通用範囲が限られず、金属通貨より輸送しやすいことは、高額・遠距離の取引を行う商人の需要にも合った。その結果、一八七〇年には太政官金札は額面通りに、場合によっては金貨現物より高く評価されるようになった。こういった、通貨への需要に対応したことが再評価されている。

新政府は小額の政府紙幣も発行した。一八六九年発行の民部省《みんぶしょう》金札（民部省札とも）である。額面は二分～一朱で、縦長型である。目的は財政補塡に加え、おつり用通貨の供給にある。高額な太政官金札の流通を促すためには、おつりとしてその下位の単位の通貨が必要だった。造幣局は当時建設中であり、小額の金属通貨が不足していたので、小額通貨だった民部省金札は人々から好評を得た。

為替会社紙幣

近代的な銀行券の発行も始まる。改めて銀行券とは何かを説明すると、銀行が発行する債務証書である。例えば金貨兌換券であれば銀行に持って行けば金貨に交換できる。持ってこられたら金貨に交換しなければならないということは、銀行からすれば金貨を支払うべき債務があることを示す文書、つまり債務証書である。この債務証書が兌換されずにそのまま他人へ譲渡され、通貨として使われる、というのが銀行券が流通する理屈である。

横浜為替会社紙幣（洋銀券、縮小）

現在の日本では日本銀行だけが銀行券を発行しているが、日銀設立の前にはさまざまな銀行が発行した。まず、開港後、外国銀行の日本支店が独自の銀行券を発行した。これは後に述べる日本の国立銀行券の発行後も黙認された。

日本自らによる初の近代的な銀行券が、一八六九年から発行された為替《かわせ》会社紙幣である。為替会社はBankの訳語で、預金や貸付などを行い、為替会社紙幣を発行した。殖産興業のための貸付を目的にする点は太政官金札と同じだが、発行したのが政府でなく、政府が設立した為替会社である点で異なる。額面は金貨単位のものが主であり、その他銀貨単位・銭単位・洋銀単位のものもあった。しかし、為替会社は複数設立されたものの、経営者の技量不足や経営意識のなさなどのため業績不振になり、国立銀行（後述）に転換する横浜為替会社を除き、一八七三年以降にすべて清算された。

なお為替会社紙幣は一般に縦長型なのだが、一八七二年に横浜為替会社が発行した洋銀券は欧米のスタイルにあわせた、横長型である。すでに流通していた外国銀行券を別とすると、日本初の横長型の紙幣である。製造はイギリスに委託された。

以上の政府紙幣と銀行券が主に金貨単位であることは、銀目廃止令とあわせ、初期の新政府が金貨で通貨を統一しようとしたことによる。これは第3章で述べた、江戸幕府の通貨政策の延長にある。

円・十進法・金本位制

一八七一年は廃藩置県という、王政復古宣言より大規模な行政制度の変更があった年である。この年から翌七二年にかけて通貨制度も整備された。金属通貨については近代的な本位貨幣制度を導入し、紙幣については分権的な発行システムをなくして発行の一元化を図った。具体的には前者が新貨条例による「円」単位の金属通貨の発行であり、後者が藩札処分と新紙幣の発行である。

まず本位貨幣制度である。少しさかのぼって一八六九～七〇年、新政府は円形硬貨・十進法・圓《えん》単位・銀本位制の採用を内定した。円形を採用したのは、摩損しやすい方形を避け、流通・携帯の利便性を図ったことによる。十進法を採用したのは国際慣行にあわせるためと、従来の四進法が計算に不便だったためである。

圓という単位を採用した理由は諸説あるが、中国の模倣という説が有力である。一八世紀後半、中国にメキシコドル銀貨が流入した。円形だったので中国人はそれを銀圓と呼んだ。一八六六年にイギリスが発行した香港ドルが、現物に「圓」表記がある初めての銀貨である。なお現在の中国人民銀行券（人民元）、中華民国中央銀行券（台湾ドル）、中国銀行券・スタンダードチャータード銀行券（現在の香港ドル）の券面も圓単位で表記されている。圓は画数が多いので、同じ発音の元（yuan）が慣用されるようになった。朝鮮末期の圜（whan）、韓国の元（won）も由来は同じである。日本では、一九世紀前半にインテリ層が、金貨の単位である両を、中国風をきどって圓と呼ぶようになった。その延長である。当時日本では圓をwenと発音したが、アルファベット表記には中国南部の発音yenが採用された。洋銀との対抗上、中国南部出身者が多い華僑《かきょう》の信用を得ようとしたためである。以下日本の通貨単位を示す場合は便宜上、略字の円を使う。

銀本位制を選んだのは、当時のアジア市場では相変わらず、銀貨を貿易通貨に使っていたためである。そこでメキシコドル銀貨と規格がほぼ同じである、一円銀貨の製造が準備された。江戸幕府以来の金本位制の方向性からの転換である。

そうしたところ、長州藩出身高級官僚のホープ伊藤博文《いとうひろぶみ》が、財政・通貨制度を調べに行っていたアメリカから、「金本位制にすべきである」との建議書を送ってきた。当時アメリカやオーストラリアでゴールドラッシュが起き、同時に銀も増産されたので銀の価格が下がり、かつ銀の価格が不安定になったため、欧米諸国が金本位制に移りつつあった。日本もならうべし、という主張である。政府はこれを採用した。

新貨条例

一八七一年、新貨条例が公布された。要点は、①円・銭（＝一／一〇〇円）・厘（＝一／一〇銭）の十進法を採る、②金貨（二〇～一円）を本位貨幣とする、③旧通貨一両＝一円とする、④銀貨（五〇～五銭）・青銅貨（一銭～一厘）は補助貨幣とする、⑤補助銀貨とは別に貿易用の一円銀貨（円銀《えんぎん》）を発行する、である。

これまでの日本の金属通貨は人力で鋳造・打延していた。新貨条例以降の金属通貨は、蒸気動力の機械で金属板を打ち抜き、意匠を圧印する方法に変わる。工業化の時代を象徴する。

条例の内容だが、①は従来方針通りである。②だが、改めて本位貨幣とは何かというと、基準となる通貨で、一定質量の金属により価値が定義され、無制限に通用するものをいう。②と③は、欧米列強にキャッチアップするというだけでなく、幕府金貨を継承した面もある。

一円金貨

一円銀貨

一厘銅貨

一円は一アメリカドル（金）と同じ純金一・五グラムと定義された。万延二分金一枚の金純量は約〇・六六グラムである。二分金が含む銀の価値も考慮すると、だいたい、一円＝一アメリカドル≒万延二分金二枚＝一両となる。このことは新旧通貨の換算を容易にした。つまり、結果論だが、万延二分金が存在していたので金本位制への移行が円滑にいった。なおこれまでの金貨と同じく、新貨条例の金貨の額面も庶民が日常取引で使うものではない。例えば一八七〇年代半ばの下級土木労働者の一日あたり賃金が二五銭程度である。

④だが、改めて補助貨幣とは何かというと、本位貨幣を補助する小額通貨のことである。一般に素材価値より額面が高い。補助貨幣として銀貨・銅貨を発行することは当初予定通りである。一回の取引で銀貨は一〇円まで、銅貨は一円までと、通用額が制限された。

⑤の円銀は、銀本位制を採用することを前提にすでに製造されていた銀貨をあてた。開港

場限定での通用とするが、取引当事者の合意があれば開港場以外でも無制限通用可とした。円銀はイギリスが製造していた香港ドル銀貨と同じ規格（銀純量がメキシコドル銀貨の約九九・二％）である。中国や東南アジアへもたらされたが、一・五％程度減価された。当地の人々はメキシコドル銀貨を使うことに慣れており、新参の円銀はまだ信用を得られなかったためである。品質がそのまま市価に反映されるわけではなかった。

そこで政府は一八七五年に円銀の規格を、銀純量がメキシコドルの約一〇〇・二％ある、アメリカ貿易ドル銀貨にあわせた。これでやっとメキシコドル銀貨と同価に評価されるようになった。それならば地金にして売る方が得になるということで、輸出先各地で溶かされた。それは日本政府に不利益なので、一八七八年、円銀の規格を元に戻した。その後シンガポールなどアジア市場で円銀が定着し、一八八〇年代中葉にはメキシコドル銀貨と等価で流通するようになる。

また一八七八年には円銀の国内一般での無制限通用も認められた。近代の通貨制度では通用に関し、本位貨幣には制限がないが、補助貨幣には制限が設けられることが慣例である。円銀が無制限通用を認められたことから、建前は金本位制だが事実上の金銀複本位制が成立した、と評価されている。銀貨の本位貨幣的な使用が残った要因はアジア市場の貿易通貨が銀貨だったことによる。伊藤博文が金本位制を建議する前の政府の判断は現実認識として適切だった。また、政府の主導者たちは金貨・銀貨を併用した江戸時代を生きていたので、複本位制に違和感がなかった。

幕府通貨の退場

新貨条例により円単位の通貨制度ができたが、円単位通貨が国内ですぐに普及したわけではなく、当面は旧通貨が使われ続けた。そもそも政府自身が円単位通貨の供給や円単位計算の民間への強要に消極的だった。

理由の一つが、金貨・銀貨が十分になかったことにある。大政奉還があった一八六七年前後から、金貨が多く国外へ流出していた。日本が輸入超過に転じ、対価として支払う金貨の輸出が増えたからである。輸入超過に転じたのは、このころの日本に関税率を自主的に決める権利がなく、外国との協定により関税が低くされたため、外国商品が安く入ってきたことが背景にある。とくに金貨が流出したのは、欧米がこのころ金本位制へ移りつつあり、彼らが金貨を求めていたことも一因である。また、新政府は財政難だったため、旧貨を回収し新貨を供給することが難航した。新旧通貨の換算が簡単(一円=一両)であり、旧通貨を使っても実務上問題がない、という事情もあった。

その後一八七四年になって、政府は旧金貨・銀貨の通用を停止した。このころまでは、流通する通貨の中心は両など旧通貨単位のものだった。旧通貨が使われなくなると、金貨・銀貨を包封する慣習（第2章）もなくなった。

青銅貨については、新貨条例を布告した時点では金貨・銀貨の製造を優先したため、発行されなかった。そこで政府は銭を新通貨単位に換算して使ってもよい、とした。新貨条例と同じ一八七一年から翌七二年にかけて、天保通宝＝八厘、文久永宝＝一・五厘、寛永通宝四文黄銅銭＝二厘、同一文青銅銭＝一厘、同四文鉄銭＝〇・一二五（＝一／八）厘、同一文鉄銭＝〇・〇六二五（＝一／一六）厘と定めた。一文青銅銭は、これに相当する額面の新銅貨がまだなかったので、人々に好まれた。鉄銭は額面が小さすぎて流通せず、一八七三年に溶解が認められたが、これを別とすると、庶民が日常取引に使う小額硬貨はさしあたり幕府通貨だったわけだ。

新青銅貨は一八七四年になって発行された。庶民が使う小額通貨を後回しにし、政府の支払手段となる金貨・銀貨を先に発行したのは江戸幕府と共通している。新青銅貨の発行に伴い、同年、銅銭の輸出が解禁された。この後一八九〇年代には天保通宝と鉄銭の通用が停止された。その他の幕府銭は法的には二〇世紀後半まで通用した（後述）。なお一八七二年、政府は省陌の慣行を禁じた。

新貨条例とその一連の政策の歴史的特徴は、金貨による通貨単位の統一、幕府金貨と新金貨の規格の連続性、小額硬貨の発行の遅延と銭使用の暫定的な継続、の三つである。これらはすべて江戸時代の延長にある。三種類の金属貨幣を併用したこととあわせ、新貨条例は江戸幕府の通貨制度を近代的に更新したもの、という性格が強い。欧米を追い抜けとばかりに金本位制を性急に確立しようとした伊藤博文の理想は、この段階では果たされなかった。

一八七五年、新貨条例を貨幣条例と改称する。内容に大きな変更はない。一八八八年、条例の改正に伴い、日本初の白銅貨（銅とニッケルの合金。五銭）が登場した。現在の一〇〇円・五〇円硬貨と同じ素材である。五銭白銅貨は、小さすぎた五銭銀貨・一厘青銅貨や大きすぎた二銭青銅貨に比べて便利だったので、人々に好まれた。

藩札処分

次に新政府の紙幣政策について見ていこう。

維新期には紙幣の発行高が激増していた。諸藩の藩札に加え、維新後は旧幕府領である各府県も府県札を発行したからである。通貨供給量が増え、幕末以来の物価高が続く要因の一つになった。

一方、銭が輸出されたことなどにより、小額硬貨は不足した。それを紙幣が補った。例えば一八六九年、播磨では、各藩札の相場を固定し、他藩の藩札も自由に通用させることを諸藩が申し合わせた。同年、信濃では藩・県を越えて信濃全体で通用する銭札を藩・県共同で発行した。これら地方独自の紙幣は民部省金札などとともに小額通貨への需要に対応した、という側面があった。

結果、遠隔地支払い・高額面の太政官金札と、地域内支払い・小額面のその他の紙幣との棲み分けが成立した。こういった過程を経て、紙幣の使用が江戸時代よりも進んだ。

そのような状況だったが、新政府は、藩札を排除したい、と早い段階から考えていた。廃藩当時の大蔵省《おおくら》(財務省の前身)の高官で後に外務大臣などを歴任する井上馨《いのうえかおる》は、「藩札で税を納められても、通用地域が発行した藩内に限られるので歳出に使いにくく、処置に困ったことが廃藩の契機の一つとなった」、と晩年に述懐している。藩札が財政運営に不都合だったことが廃藩置県を促したわけだ。

新政府の政策を見てみよう。一八六九年、維新以後新しく発行された藩札と府県札の通用を停止する旨を布告した。一八七一年、廃藩置県の日の時価に基づき決める価格で、後日発行する予定の新紙幣(後述)と藩札を交換する、と布告した。なお交換するまでは藩札の通用を認める、とした。

藩札は藩の債務なので、藩札が新紙幣に交換されれば、藩の債務を政府が負うことになる。一見、財政難であるはずの政府の大盤振る舞いである。しかし、当時の藩札は銭単位のものが多く、かつ最終的に政府は銭安ぎみの換算基準を示した。そのため藩札は実質的に減価され新紙幣に交換され、藩札を保有していた庶民は不利益をこうむった。言い換えれば庶民は藩の債務を押しつけられる形になった。

廃藩に伴い、藩は殖産興業のため民間に貸しつけていた札を引き揚げた。また、税として納められた藩札は歳出に使われなかった。その結果、藩札の流通高は廃藩直後の一年間で大幅に減った。とくに中国・四国・九州・北陸地方で顕著だった。藩札が減価されて新通貨に交換されたこともあって、これら各地で不況になり、一揆や打ちこわしが起きた。

ただし、藩札がこれで完全に消滅したわけではない。次に述べる政府紙幣の発行に関係して若干ながら生き延びることになる。

「紙幣専用ノ時世」

政府は新たな政府紙幣を発行した。

新貨条例・藩札処分と同じ一八七一年、政府は大蔵省兌換証券を発行した。初の円単位紙幣（一〇～一円）で、本位貨幣兌換券である。二分金と兌換する、と政府は布告した。日本伝統の縦長型である。発行の目的は財政補塡と本位貨幣不足の補塡である。悪贋貨が嫌われた時期でもあったので、人々は金貨現物より大蔵省兌換証券を好んだ。しかし偽造が多発し

新紙幣

た。

そこで政府は偽造が難しい紙幣の発行を、太政官金札など旧政府紙幣や藩札を回収する目的も含め、計画した。これにより登場したのが、日本初の鉄道開業と同じ一八七二年に発行された、新紙幣《しんしへい》である。券面に「明治通宝《めいじつうほう》」と表記があるが、政府の布告では「新紙幣」とあり、一般にこの名で呼ばれる。相変わらず縦長型である。

新紙幣は不換紙幣（本位貨幣との兌換が保証されない紙幣）である。不換にした理由は、①本位貨幣が財政難のため十分にない、②不換紙幣である太政官金札が全国で流通していたので、新紙幣も受け入れられるだろうと考えた、ためである。最初に一円～一〇銭のものが、追って同年に二～一〇〇円のものが発行された。これまでの歴史で珍しく、小額面のものが先である。一八八一年に製造が終わるまでの総製造高のうち数量ベースでは一円以下のものが圧倒的に多い。

とはいえ発行された新紙幣の最低額面が一〇銭であり、かつ小額硬貨の供給が遅れたため、庶民が日常的に行う一〇銭未満の取引に支障が出かねなかった。そこで政府は新紙幣発行と同年、藩札と円単位通貨との比価を定め、五銭未満に相当する藩札に円単位に換算した額面を押印して流通させた。銭に加え、同じ旧通貨である藩札も小額通貨にあてたわけだ。

その後一八七四年までに藩札の八五%が回収され、一八七九年に政府は藩札回収の終了を宣言した。太政官金札など旧政府紙幣は一八七八年までに通用が停止された。結果、政府紙幣は新紙幣のみになった。

以上のように一八七一年から七二年にかけて、新貨条例、幕府通貨・藩札処分、新紙幣発行といった一連の通貨制度改革が行われた。結果、何が流通するようになったのか。金貨は、一八七〇年代に入っても国外へ多く流出し、国内ではほぼ流通しなくなった。円銀も貿易赤字などのため国外へ多く流出した。そのため国内では金貨・銀貨以外の通貨を使わざるをえなくなった。このことが新紙幣の使用を促した。一八七四年ごろからは、次に述べる国立銀行券を含め、国内の通貨の主体が紙幣になった。

こうして、建前上の金本位制、事実上の金銀複本位制、実態上の紙幣による寡占状態が成立した。当時政府高官として通貨政策を主導した大隈重信《おおくましげのぶ》はこのころを指して、「紙幣専用ノ時世」と呼んでいる。人々が紙幣を円滑に受け入れたのは、江戸時代以来、紙幣を使ってきた経験があったからこそでもあった。

新紙幣発行のころから円単位通貨の使用が定着していく。例えば讃岐《さぬき》（香川県）東部では一八七一年時点では江戸時代の秤量銀貨単位（匁）藩札を主に使い、それ以降一八七六年ごろまで円単位紙幣・匁単位藩札・銭などを併用し、その後は円単位通貨を使う比率が高まる。

なお一八八一年、変造対策として、政府紙幣の規格を改めた（改造紙幣）。このとき欧米の紙幣と同じ横長型にした。これ以後の政府紙幣はすべて横長型である。

国立銀行開業

大隈重信が通貨政策を主導すると、価値が安定した新たな紙幣の発行を政府は検討した。政府紙幣でなく銀行券とし、かつ失敗した為替会社と異なる新たな組織によるものが求められた。欧米に模範を求めたが、争点は二つあった。①発行主体を個別の銀行とするか中央銀行とするか、②兌換対象を政府紙幣を含む通貨とするか本位貨幣である金貨のみとするか、である。結果、個別の銀行が（アメリカ式）金貨兌換券を発券する（イギリス式）、という折衷案が採られた。

新紙幣の発行と同じ一八七二年、国立銀行条例が公布された。国立銀行とは、国立銀行条例を典拠法令として設立した私立銀行である。国立でも国有でも国営でもない。

それぞれの国立銀行は銀行券を発行した。その名称は条例では「紙幣」、券面には「大日本帝国通用紙幣」と記す。本書では慣例にならい、国立銀行券と呼ぶ。

額面は二〇～一円である。欧米の紙幣と同じ横長型である。どの国立銀行の国立銀行券もすべて同じ図案で、発行銀行ごとに発行者名の記載のみが異なる。

発行者が各地に分散している点は藩札・私札と同じだが、政府が製造し、大蔵卿（大蔵省

国立銀行券（縮小）

の長官）などの印があり、納税を含め全国通用を政府が認めている点で異なる。政府は規定額の政府紙幣と引き替えに各国立銀行へ国立銀行券を交付した。これは太政官金札などの政府紙幣を回収する目的があった。なお国立銀行条例は国立銀行以外の銀行が金券または紙幣に類するものを発行することを禁じた。これにより為替会社紙幣の発行が終わる。

一八七三年、最初の国立銀行である第一国立銀行が東京に開業した。兌換義務という設立条件の厳しさのため、開業したのは四行だけだった。国立銀行券は発行されてもすぐに金貨と兌換されてしまい、流通は進まなかった。要因に、江戸時代以来の有力な両替商で第一国立銀行の出資者だった小野組《おのぐみ》が破綻《はたん》して銀行への信用が損なわれたことや、当時国際的に金高だったため日本で兌換した金貨を海外に持ち出すことで利益を得られたこと、などがある。

紙幣安問題

対策として、一八七六年に国立銀行条例が改正された。趣旨は、国立銀行の資本金を公債と政府紙幣とし、兌換の対象を政府紙幣にする、という点にある。設立条件が緩くなった代わりに、国立銀行券は金貨への兌換義務がない紙幣になった。

資本金となる公債には金禄公債が多くあてられた。金禄公債とは、国立銀行条例改正の同年の条例に基づき、華族（かつての公卿や大名）・士族（武士）への秩禄《ちつろく》（給与）の支給を廃止する（秩禄処分）代わりに彼らへ交付した有利子債券である。もし公債が一斉に売りに出されると、公債の価格が下がり、彼らは不利益をこうむりかねない。そこで国立銀行の資本として受け入れることで公債価格を維持しようとした。結果、旧大名や上級士族らの金禄公債が国立銀行の資本になった。かつて政治支配者として藩札を発行していた者たちが、今度は資本家として国立銀行券を発行する側になったわけだ。

設立条件が緩和されると国立銀行は増え、一八七九年に認可が打ち切られるまでに一五三行になった。例えば高松には第百十四国立銀行が設立された。現在の百十四銀行の発祥である。同様の、現在も数字を冠する社名の銀行のほとんどは同番号の国立銀行を発祥とする。ちなみに長野市に本社がある八十二銀行は、第十九国立銀行と第六十三国立銀行をもとする銀行が合併する際に一九＋六三＝八二という社名にした、変化球タイプである。

なお国立銀行券の流通高（額面ベース）はそのピークの一八八〇年でも通貨流通高の約一七％だった。通貨流通高の過半は政府紙幣だった。

国立銀行は、国立銀行券とは別の紙幣類似証券を発行することがあった。例えば第四十四国立銀行函館支店が、額面一円未満の「銅貨手形」を発行した。江戸時代の手形札の国立銀行版である。庶民の通貨需要や地方での小額通貨不足に対応するためだった。

一八七七年に起きた西南戦争（最大の士族反乱で、現在のところ最後の内戦）に伴い、政府は軍事費を支払うため、政府紙幣を増発し、国立銀行券が大量に借り入れられた。このことが通貨供給量を増やし、物価高を促した。

当時市場では、現在の我々には想像しにくいが、同じ円単位通貨でも金貨・銀貨・紙幣相互の相場が立っていた。三種の通貨の相場が立つという点で、近世と似ている。武器の購入などによる輸入超過のため、貿易通貨である銀貨が国外へ流出した結果、銀貨一円に対し紙幣一円が大幅に減価されるようになった。一八八一年には銀貨一円＝紙幣一・七円台にまでなった。

当時政府に入ってきた租税の約八割を占めた地租《ちそ》(土地税)は、同じ土地であれば円単位で定額だった。円単位通貨で支払われたが、流通する主な通貨が紙幣だったので、もっぱら紙幣で支払われた。政府は金貨・銀貨・政府紙幣・国立銀行券を問わず、市価に関係なく、額面が一円であれば一円として受け取らなければならない。そのためインフレと紙幣市価の下落は、名目価格が上がった農産物を売って得た新紙幣で地租を支払う農民に有利だが、政府にとっては歳入が実質的に減るので不利に働く。インフレと紙幣安を克服するため、新紙幣・国立銀行券と異なる紙幣を発行することが政府の課題になった。

日本銀行と兌換銀行券

伊藤博文との対立により大隈重信が政府から追放された一八八一年、薩摩藩出身の財政通、松方正義《まつかたまさよし》が大蔵卿になり、経済政策を主導することになる。まず、増税・新税・公債の発行などにより政府が紙幣を回収し、かつ歳出を抑えて紙幣の流通量を減らすことで、紙幣の価値を上げようとした。また、輸出を促して金貨・銀貨を蓄積することで、紙幣に対する金貨・銀貨高の状態を抑えようとした。

そして、国立銀行券や政府紙幣のように過剰に発行されず、かつ価値が安定した兌換紙幣

兌換銀行券（1885年、縮小）

を発行する銀行の設立が図られた。そこで一八八二年に設立されたのが、日本銀行である。日本初、そして現在も存在する中央銀行の登場である。

　ただし、紙幣が日銀が発行するものだけになるまでには、日銀設立から若干の時間を要した。実は、日銀は設立当初、紙幣を発行していない。紙幣安のときに兌換券を発行すると、人々は同じ円単位通貨でもより市価が高い金貨・銀貨を得ようとして兌換を求める。そうならないようにするためである。

　一八八三年、国立銀行条例を改正し、開業免許から二〇年の営業期間終了後は私立銀行として業務を続けてよいが、発券は認めない、とした。紙幣を減らし、日銀が発行するもので紙幣を統一するためである。

　一八八四年、兌換銀行券条例が公布された。兌換銀行券は日銀が発行する、銀貨（円銀）兌換とする、などを定めた。兌換の対象を金貨でなく銀貨にした背景には、当時のアジア市場の貿易通貨が銀だったことがある。新貨条例を構想していた段階の政府が銀本位制の採用を内定した理由と同じである。江戸時代に金本位制へ近づいていたが、開港によりアジアとの自由貿易が再開した結果、実質的な銀本位制を選ぶことになったわけだ。大きく見れば、同様の背景で銀が国内通貨の中軸になった、一六、一七世紀の状況への逆戻りである。なおこれまで国内で外国銀行券が流通していたが、この条例の制定に伴い消えていく。

内閣制度が設けられ伊藤博文が初代内閣総理大臣になった一八八五年、日銀は発券を始めた。名称は条例では「兌換銀行券」だったが、券面には「日本銀行兌換銀券」とある。本書では以下、日銀が発行した銀行券を、慣例にならい日銀券と呼ぶ。額面は一〇〇～一円で、現在と同じ横長型である。このとき発行された一円券は二〇一六年現在の日本で有効な最古の紙幣である。お持ちの方へアドバイスするに、現在、一枚が数万円で売買されているので、コンビニでの買い物に使うより、ネットオークションに出す方が得をするだろう。

一八八六年、日銀による政府紙幣の銀貨への兌換も始まった。以上により事実上の銀本位制が成立する。

政府紙幣・国立銀行券の回収は進み、同年には、銀貨・紙幣の市価が等しくなった。ただし、通貨流通量が減ったので、デフレ・通貨高が起きた。通貨高は地租の名目額が一定であれば政府に有利になる。一方、農産物価格が下がったので、国民の多くを占める農業生産者は所得が減り、生活が苦しくなった。一八八八年、日銀券の発行高が政府紙幣のそれを上回った。一八九四年に始まる日清戦争を経て一八九九年、国立銀行券と政府紙幣の通用が停止された。

それでも、日銀券とは別に、小額通貨への需要を満たすため、各種の民間紙幣が発行され続けてもいた。例えば京都府綾部《あやべ》周辺では一八七七年ごろから、あらかじめ印刷された一円～二〇銭の定額小切手を銀行などが発行し、これが通貨として、納税の支払いにも使われ、二〇世紀初頭まで流通した。江戸時代の手形札の延長である。

この状況に対し、日露終戦の翌一九〇六年、紙幣類似証券取締法が公布された。紙幣類似証券の発行と流通を政府は禁止できる、というものである。本法により民間紙幣の発行は制約された。以上により、日銀券による紙幣統一がひとまず達成された。

ちなみに紙幣類似証券取締法は現在も存続している。「政府は禁止できる」という規定なので、民間紙幣の発行は現在も必ずしも禁止されるとは限らない、と解釈されている。

金本位制再び

一八八九年に大日本帝国憲法が発布され、一八九〇年に最初の帝国議会が開かれた。一九世紀の最末期に、通貨近代化の最後の一手が打たれる。

一八九〇年代に入り世界的に金高・銀安が進んだ。欧米では金本位制への移行が進んでいたが、世界最大の銀本位国だったインドもついに金本位制に移行することになった。

日本政府は、銀本位制を続けるか、名実ともに金本位制へ移行するかを検討した。銀本位制を続ければ、銀安は日本円安を意味し、金本位制である欧米への輸出に有利である。また同じ銀本位制である中国との貿易がしやすい。しかし銀安による円安は、金本位制である欧米からの輸入に不利であり、物価高を招く。金本位制にすれば欧米との為替相場の変動リスクがなくなるので、欧米から輸入しやすくなり、欧米は日本に投資しやすくなる。争点は、商品輸出の利点と商品・資本輸入の利点とのどちらをとるか、にあった。

一八九四〜九五年の日清戦争に日本は勝った。この後、①日本は多額の（文字通りの）賠償金を得た、②戦後の銀安が物価高を促した、③設備投資と軍備拡充が金本位国からの輸入を増やし貿易赤字をもたらした、④日本の工業の主力だった紡績の原料である綿花の輸入元が銀本位制の中国から金本位制のインド・アメリカに変わった、以上のことが起こった。これらの要因、とくに①が金本位制への移行を促した。

松方正義内閣のもと、一八九七年、貨幣条例（もとの新貨条例）が廃止され、貨幣法が公布された。金貨（二〇〜五円）は無制限通用、銀貨（五〇〜一〇銭）は一回の取引で一〇円まで、白銅貨（五銭）・青銅貨（一銭・五厘）は一円までの制限通用、と定められた。また、円銀の製造が停止された（翌九八年通用停止）。これにより名実ともに金本位制になった。

貨幣法により、一円＝金〇・七五グラムと定義された。一円金貨がつくられなかったのは、つくるとなると〇・七五グラムという小さなものになるからである。廃止された貨幣条例では一円＝金一・五グラム＝一ドルだった。貨幣法の定義では一ドル＝二円となる。つまり一円の価値を一／二に減らした。このころは銀安に伴い円安になっており、それを追認したものである。貨幣条例による金貨がそもそもほとんど流通していなかったこともあり、貨幣法が定義する金本位制への移行は円滑に進んだ。

金本位制への変更に伴い、同年、日銀券が金貨兌換券へ改まった。券面表記は「日本銀行兌換銀券」から「日本銀行兌換券」に変わった。

兌換のための準備金の多くを占めた清からの賠償金は、当時の国際金融の中心地であるロンドンで受け取られ、そのままロンドンにポンド金貨建ての預金として置かれた。日本が外国から何かを輸入する際に、金での支払いがしばしば求められた。そのため日銀券が金に兌換されることもあったが、たいていはロンドンでポンドに交換される為替手形によって支払いがなされた。また日本政府は、国内の商取引では日銀券、庶民の日常取引では補助貨幣を使わせる方針をとった。そのため新貨条例の時期と同じく国内での現物の金貨の流通はほぼなかった。当時の日本の通貨システムは「金貨流通のない金本位制」と呼ばれる。

金本位制に移行した結果、目論見通り、欧米諸国との貿易決済や外債の発行が便利になった。イギリスにとっても日本の金貨は重要だった。ロンドンに置かれた日本の金貨建て預金の額は、インド政府のそれとともに最大級だった。これらがないとイギリスも金本位制の維持が困難だった。このことが一九〇二年に締結された日英同盟がその後も更新される要因の一つとなった。なお日銀が持つ金は朝鮮・台湾産のものの輸入・移入によっても支えられた。

実質的な本位貨幣としての地位を失った円銀はどうなったかというと、中国など輸出先で交換手段として使われたり、溶かされて秤量銀貨にされるなどした。また、朝鮮や日本領になった台湾へ送られ、法貨にされた(後述)。

銀本位制の放棄は、日本国内の通貨や金属貿易を左右し続けてきた中国の通貨秩序から離脱することを意味した。より大きく見れば、中国を軸に銀が世界経済をつないだ時代の終わりと国際金本位制の成立という、世界経済史の転換における一齣《ひとこま》でもあった。貨幣法と、先に述べた日銀券による紙幣の統一により、広い意味での日本の通貨の近世が終わる。

幕末維新期の北海道と沖縄

北海道・沖縄の日本領化は、日本の通貨の近代化と併行して進んだ。

蝦夷地は一八五五年に再び幕府領にされた。欧米に対する国防と日本人の植民・開拓のためである。蝦夷地経営の財源を調達するため一八五七年、箱館通宝《はこだてつうほう》が発行された。鉄製・円形円孔で、額面一文、蝦夷地限定での通用とされた。素材は蝦夷地産の砂鉄である。箱館通宝は、小額通貨が不足していたため、発行された初めこそ歓迎されたが、一八六〇年代後半から天保通宝や文久永宝が流入すると市価が下がり、流通しなくなった。

一八六九年、旧幕府軍の最後の拠点、箱館が陥落し、戊辰戦争が終わる。同年、新政府は蝦夷地を北海道に、箱館を函館に改めた。函館は開港場だったため、悪贋貨被害が多かった。同年、政府は東京で天保通宝を製造し、北海道に供給した。内戦が終わって不要になった大砲を諸藩から買い上げ、素材にした。また一八七二年、開拓使（北海道開拓・経営の行政機関）が、政府紙幣である開拓使兌換証券を発行した。これらは開拓資金を供給するため発行された。開拓使兌換証券の小額のものは庶民の通貨への需要を満たし、歓迎された。高額のものは道外でも流通した。一八七五年に通用が停止され、新紙幣に交換された。以上のように、箱館開港と開拓移民などを契機に、日本通貨が定着していった。

近世の沖縄には、寛永通宝一文銅銭一枚＝寛永通宝一文鉄銭一枚＝無文銭五〇枚という比価があった（第３章）。一八六一年、琉球王府は薩摩藩の命令に基づいて鉄銭を減価し、銅銭一＝鉄銭二とした。これを「文替《もんが》わり」という。これを含め琉球王府は一八六八年までに八回、鉄銭を減価した。最終的には銅銭一＝鉄銭三二、四文銭一＝鉄銭六四、五文銭一＝鉄銭一二となった。なお四文銭は文久永宝、五文銭は寛永通宝四文黄銅銭で、ともに薩摩藩の密造品である。

文替わりにより、例えば琉球産の砂糖などの物資を王府が買い上げる際に、その価格は鉄銭建てとされた。文替わり前は銅銭・鉄銭ともに一枚で同じ価値だったが、文替わりにより鉄銭が減価されたので、買い上げ価格は実質的に下がった。これにより王府は得をする。薩摩藩は、琉球へ日用品を輸出し、琉球内の寛永通宝銅銭を輸入した。すると琉球で通貨が不足したので、薩摩藩は有利な価格で密造銭を輸出することができた。総じて、琉球の支配者層や薩摩藩が利益を得た。日本対琉球という単純な構図ではない。

その後薩摩藩が密造した銭の供給が増えると、琉球で銭安・物価高になり、当地の庶民を苦しめた。結果として、文替わりにより、琉球王は庶民の支持を失った。これは日本政府にとって琉球を併合する好機になった。

王政復古を経て、日本で新紙幣が発行された一八七二年、日本政府は、琉球藩を設置し琉球国王を琉球藩王とする詔書を発した。ついで琉球藩へ金貨・銀貨・新紙幣を交付した。琉球は独立をまだ保っているものの、日本の近代通貨の通用が始まった。紙幣の流通は琉球では初めてだった。一八七九年、日本政府は琉球へ軍隊を派遣し、沖縄県の設置を宣言し、日本領に併合した。

円単位通貨が通用し始めた後も、沖縄本島では文単位での勘定が慣用的に続いた。一方で先島《さきしま》諸島では円単位の勘定がすぐに使われるようになった。それまで物々交換が行われ銭が流通していなかったことが、すんなりと円単位通貨を受け入れる素地となった。

2　帝国の通貨と戦後

円系通貨の帝国主義的拡大

二〇世紀は、明治の終わりから大正・昭和を経て平成に至る時期である。世紀前半には日露戦争・第一次世界大戦・満州《まんしゅう》事変・日中戦争・第二次世界大戦など、帝国主義的な戦争が続いた。その路線が破綻した後、戦争を放棄し、世紀後半には高度経済成長を達成する。人口は増え続け、一九一〇年代に五〇〇〇万人、一九六〇年代には一億人になった。

日本の帝国主義的な版図拡大は通貨の支配も伴った。植民地で供給する円単位通貨を日本円と等価とし、日本の通貨圏に組み込んだ。そうすれば為替相場の変動リスクなしに、かつ本位貨幣を流出させることなく取引や投資ができるので、経済進出がしやすくなるからだ。

日清・日露戦争があった世紀転換期から一九二〇年代（大正・昭和の転換期）以前の植民

地の通貨支配には三つのパターンがある。一つめが、日本本土の通貨法規を適用する一方で、植民地の中央銀行が独自に銀行券を発行し、植民地円の通用圏をつくるパターンである。朝鮮と台湾がこれにあたる。以下、一九世紀にも若干さかのぼって述べる。

まず朝鮮である。日本による通貨支配は国家併合前から進んでいた。日本で国立銀行の設立条件が緩められたのと同じ一八七六年、日本は朝鮮王朝を軍事的に圧迫して日朝修好条規を結び、朝鮮の開港場での日本通貨の通用を認めさせた。

一八九四年、日清開戦の直後、朝鮮は日本政府の勧告により銀本位制を採用し、当時の日本の実質的な本位貨幣だった円銀を法貨（法が強制通用力を与える通貨）にした。日本軍が朝鮮での軍事費の支払いに、円銀に加え日銀券も使った結果、これらが開港場周辺だけでなく半島全体で流通するようになった。日本軍は寛永通宝も軍事費の支払いに使った。朝鮮では一七世紀以来銅銭が使われていたので、受け取られた。一九〇二年には日本の私立銀行で大韓帝国（一八九七年国号変更）に支店がある第一銀行（もとの第一国立銀行。みずほ銀行の前身の一つ）が、円を単位とし日本通貨と兌換される、第一銀行券を発行した。

一九〇四年、日露戦争中に第一次日韓協約が結ばれ、これに基づき日本は韓国へ財政顧問を派遣した。以後、日本による通貨支配が強まる。まず同年、韓国の造幣部局を廃止して硬貨の製造能力を奪った。翌〇五年には大阪の造幣局で製造した新硬貨（日本硬貨と同規格）

を発行し、かつ日本硬貨も韓国の法貨とした。新硬貨の単位は「圜」で、一圜＝一日本円とされた。旧韓国通貨は一／二に減価されて新貨に交換されたため、韓国で通貨流通量が急激に減り、恐慌が起きた。

同年、第一銀行券が韓国の法貨とされ、第一銀行が韓国の中央銀行とされた。しかしその後、韓国統監《とうかん》（韓国支配のため日本が設置した機関の長官）の伊藤博文が、「私立銀行の支店が中央銀行業務を担うのはよくない」と主張したことを受け、一九〇九年に韓国銀行が設立され、中央銀行業務と発券業務を第一銀行から引き継いだ。韓国銀行が発行した韓国銀行券は金貨・日銀券と兌換された。券面には圜・円の単位がともに記された。

一九一〇年に日本は韓国を併合し、翌一一年には韓国銀行を朝鮮銀行（朝銀）と改称した。朝鮮銀行券（朝銀券）は韓国銀行券と同じく金貨・日銀券兌換券である。大正に入り（一九一二年改元）、一九一八年、朝鮮で日本本土の貨幣法が施行された。一九二〇年には朝鮮の旧銅銭を除き、韓国の旧通貨が通用を停止された。以上により、日朝修好条規から四〇年余りを経て、本土の通貨制度と統合された。

次に台湾を見てみよう。日本による領有前はメキシコドル銀貨・日本円銀をはじめ、中国その他アジアや欧米の各種銀貨が使われていた。清や日本の銭も流通していた。

下関条約（日清戦争の講和条約）により一八九五年、台湾は日本の領土になった。日本政府は台湾の在来の銀貨を日銀券と交換して回収した。以後、日銀券と日本本土の補助貨幣が台湾で広まる。

一八九八年、日本円銀が台湾の無制限法貨とされた。翌九九年には台湾銀行（台銀）が開業し、円単位・銀貨（円銀）兌換の台湾銀行券（台銀券）を発行した。日本初の植民地中央銀行であり、朝銀より早い。本土がすでに一八九七年に金本位制を採用していたにもかかわらず台湾で銀本位制を採用したのは、大陸の銀本位制の経済圏内にあったからである。

しかしたまたま一九〇三年に銀高が発生し、台銀券は銀貨に大量に兌換され、台銀は銀貨不足に陥った。そのため金本位制へ改められることになった。日露戦争中の一九〇四年、台銀は金貨兌換券を発行し始め、円銀は法貨でなくなった。一九〇八年には台銀の銀貨兌換券の通用が停止され、台湾の通貨は台銀の金貨兌換券と日本通貨のみになった。一九一一年、本土の貨幣法が施行された。領土化から十数年、朝鮮での試みより短い時間で本土の通貨制度と統合されたわけである。

朝鮮と台湾とを比較するに、朝鮮は併合前から日本円による支配が進んでいたことと、植民地中央銀行の設立前に私立銀行がその機能を担っていた点で、台湾と異なる。

植民地中央銀行独自の銀行券が発行されたのは、先に述べた、為替相場の変動に関係なく商取引ができるといった、日本円と植民地円の等価リンクの長所だけが目的ではなかった。

本土通貨と植民地通貨とを分けることでインフレなど植民地の経済混乱が本土へ波及することを防ぐ、場合によっては等価リンクを絶つことで本土の経済を守ることができるようにしておく目的もあった。

南樺太・南洋群島

植民地の通貨支配のパターンの二つめが、日本本土の通貨法規を適用するが、植民地中央銀行は設立しない、というものである。南樺太《からふと》と南洋《なんよう》群島がこれにあたる。

南樺太（ロシアサハリン州）はポーツマス条約（日露戦争の講和条約）により一九〇五年に日本領になった。台湾と同じ一九一一年、日本の貨幣法が施行された。

南洋群島（マリアナ諸島など西太平洋赤道以北の島嶼群）は、一九一四年に始まる第一次世界大戦で日本が占領し、一九一九年に調印されたヴェルサイユ条約で日本の委任統治地になった。当地では日本の貨幣法は施行されず、一九一五年、個別命令で日本通貨を法貨とした。両地で独自の通貨制度をつくらなかったのは、経済規模が小さく、独自の制度をつくるより、日本の制度をそのまま移植する方がコストに見合っていたからである。

なお一つめ・二つめのパターンの地域ともに、本位貨幣である金貨はほとんど流通せず、銀行券が通貨の主体だった。本土と同じである。

関東州・満鉄付属地

植民地の通貨支配のパターンの三つめが、経済的・政治的な諸事情により、日本本土の貨幣法規を適用せず、かつ植民地中央銀行を設立せずに、円通貨圏への組み込みを試みる、というものである。関東州《かんとうしゅう》と満鉄付属地がこれにあたる。

関東州（中国大連《だいれん》市）は一九〇五年のポーツマス条約により日本の租借《そしゃく》地（借り受けた他国領土。借りた側が統治する）になった。南満州鉄道会社（満鉄）はポーツマス条約によりロシアから得た大連〜長春《ちょうしゅん》（満州の中心都市）間の鉄道などを基に、一九〇六年に設立された。鉄道の沿線地域（付属地）の行政権もロシアから継承した。

日本は一九〇六年、貿易金融を主な目的とする特殊銀行（特定目的のため特別の法令により設立された銀行）で当地に支店がある、横浜正金《しょうきん》銀行（正金。三菱東京UFJ銀行の前身の一つ）が発行する銀貨兌換の銀行券（正金券）を関東州の無制限法貨とした。

その後当地で日本人社会が拡大すると、金貨兌換券である日銀券・第一銀行券が流通するようになった。また、朝鮮と満州とを一体化させるという構想により、一九一七年、日本政府は朝銀券（金貨兌換券）を関東州と満鉄付属地の無制限法貨にした。当地が銀本位制の地域だったため、正金の銀貨兌換券はその後も流通し続けたが、最終的には満州事変後の一九三六年、関東州・満鉄付属地で正金が銀行券を発行することが禁じられた。

通貨の帝国主義的な拡大に関連して、軍用手票《しゅひょう》（軍票《ぐんぴょう》）について触れておく。軍票とは、戦地や占領地での食糧・軍事用物資の調達や軍隊・労働者の給与の支払いなどのために政府が発行する通貨である。なぜ本土の通貨を使わないかというと、もし使えば通貨供給量が増えて本国がインフレになる危険があるからだ。日本が初めて軍票を本格的に使ったのが日露戦争であり、第二次世界大戦まで使い続けることになる。

第一次世界大戦と関東大震災

話を本土に戻し、一九一〇〜二〇年代、大正を経て昭和に変わるころの状況を見てみよう。

まず小額通貨だが、一八九〇年代末から一九一〇年代にかけて不足していた。理由は、①日清戦争や植民地化に伴う補助貨幣の朝鮮・中国・台湾への送付、②政府紙幣の通用停止、③産業化や一九一四年に始まる第一次世界大戦に伴う好景気などを原因とする、商取引・賃金の支払いの増加、などである。小額通貨がなくなると必要な商品を買えなくなる。そこで人々は未来の支払いに備えてためこむようになり、不足感がさらに強まった。中世で銭が不足したときに銭が埋められたことと似ている。

対策として補助貨幣が増発されたのに加え、一九一六年、五銭白銅貨の規格が改められ、円孔をあけられた。文久永宝（一八六三年）以来の孔あり硬貨の再登場である。孔をあけた理由の一つは、素材を節約することだった。また一九一七年には小額の政府紙幣（五〇～一〇銭）も発行された。日銀設立後は政府紙幣を発行しないという原則の例外である。

同年、銀貨と銀地金の輸出が禁じられた。第一次世界大戦に伴い銀地金の価格が高騰し、銀貨の地金価値が額面を超えつつあった。超えると、通貨として使うより、地金にして売る方が得になる。そうされないようにするため輸出を禁じた。シベリア出兵（ロシア革命への干渉戦争）が始まった一九一八年には、五〇～一〇銭銀貨が軽量化され、一九二〇年には一〇銭硬貨の素材が銀から白銅に変えられた。また、同年に停止する予定だった政府紙幣の発行が延長された。

小額通貨は植民地でも不足した。そこで例えば台湾では総督府（台湾統治のため日本が設けた官庁）が発行した特別郵便切手台紙や、台銀が発行した額面五〇銭・一〇銭などの小切手を通貨の代わりにさせた。

本土では社会独自の対応もあった。郵便切手、収入印紙、葉書、タバコ・マッチ・白紙などの雑貨、市電の回数券などが小額通貨の代わりに使われた。また、多額のおつりが出る取引を断る、不要品を抱き合わせて売っておつりを出さない、またはおつりの代わりに安い日用品を渡す、など、通貨の節約が試みられた。不足したら別のものを通貨に使うという、古代・中世と同じ現象が起きたわけだ。先に述べた、小額通貨が不足したときにそれがためこまれた現象もそうだが、近代より前といい後といい、人々の行動はあまり変わらないようだ。このころから、外国からの硬貨製造の依頼を日本の造幣局が請け負うようになる。初の事例が一九一五〜一六年製造のロシア銀貨である。造幣局の製造能力をこれに割いたことが、日本で硬貨が不足する一因にもなった。

大戦が終わると一転して不況になり、小額通貨への需要が減った。数量ベースで一九二二年をピークに補助貨幣は減産に転じた。

次に、高額通貨について見てみよう。大戦後の不況は銀行への不信を生み、そのことが預金の引き出しを促した。また一九二三年の関東大震災で多くの日銀券が失われ、不足した。危機的状況での極端な例が、昭和改元の翌一九二七年に発行された、初の二〇〇円日銀券である。裏面の印刷がないことで知られる。同年に起きた昭和金融恐慌に際し、預金引き出しパニックへ対応するため急ぎつくられた。銀行で預金者を安心させるための見せ金としてのみ使われ、すぐさまほぼ全額が回収された。ちなみに当時の日雇い労働者の一日あたり賃金が約二円で、うどん一杯が一〇銭程度である。二〇〇円券は庶民が日常取引で使うものではない。

金輸出禁止、解禁、再禁止

一九一〇年代から三〇年代には、金本位制を維持するかどうか、という問題もあった。第一次世界大戦が始まると、金本位制の諸国は軍事関係の支払い等に伴い金が流出することを恐れ、その輸出を禁じた。日本も一九一七年に金の輸出と日銀券の金貨への兌換を実質的に禁じた。事実上の管理通貨制度（本位貨幣を設定せず、特定の金属の価値とリンクしない通貨を通貨当局が発行するしくみ）への移行である。

大戦後、ヨーロッパ諸国の輸出が回復し、また関東大震災からの復興のため日本の輸入が増えたこともあり、日本が輸入超過になった。そのため外貨への需要が増えて外貨高・円安が進み、貨幣法が定める平価である一ドル＝二円を大きく超えた。

大戦後に主要国は金の輸出を解禁した。日本も解禁を検討した。為替相場を回復・安定させ、外国からの投資を促し、国際収支（外国との経済取引の集計）の均衡を図る、という目論見である。しかし関東大震災や昭和金融恐慌などが起こって機会を逃し、結局、解禁は一九三〇年の浜口《はまぐち》雄幸《おさち》内閣のときまでずれこんだ。解禁すると貨幣法が定める平価に戻ったので、解禁前より円高に振れた。

おりしも一九二九年に世界恐慌が始まり、外国は商品を買わなくなった。そのため日本からの輸出が減った。円高化も輸出の減少を助長した。すると例えば輸出商品だった生糸の価格が激しく下がった。生糸以外も含め農産物の価格が顕著に下がり、農家の経営は悪くなった。そのため農家をはじめとする庶民は政府へ反感を抱いた。これに加え、浜口内閣は財政緊縮のため軍縮を行っていたので、右翼や軍人などの反感も生んだ。浜口首相は右翼に狙撃《そげき》され、これがもとで死亡する。

一九三一年、犬養毅《いぬかいつよし》内閣は組閣当日に金の輸出を禁じ、追って日銀券の兌換を停止した。これにより実質的な管理通貨制度へ再び移行した。金貨の製造も翌三二年を最後に止まる。記念貨幣を除くと、金貨は発行されず現在に至る。これにより高額通貨は日銀が、小額通貨は政府が発行する、という棲み分けが成立する。

金輸出の解禁によって金貨は対外決済に使われたが、国内では流通しなかった。解禁されたからといって庶民が金貨を見るようになったわけではなかった。近代日本の金本位制が「金貨流通のない金本位制」と呼ばれることを一八九七年貨幣法のところで述べた。それは金本位制の実質的な最終段階である一九三〇～三一年の金輸出の解禁時までそうだった。

通貨素材の迷走

満州事変などの戦争は、通貨の規格にも影響を与えた。硬貨については、素材の金属が軍事用に求められたことが、その規格を左右した。

一九三三年、日本軍と中国の国民政府軍とが停戦協定を結び、満州事変が収まる。同年、初のニッケル貨(一〇銭・五銭)が発行された。ニッケルは外観・耐久性・偽造困難性などの面で通貨に適する。またニッケルは武器の素材だったが輸入に頼っていたので、通貨の形で国内に備蓄し戦争に備える目的があった。しかしニッケルは軍事用に先に多くまわり、製造高は予定に達しなかった。

日中戦争開戦の翌一九三八年、臨時通貨法が定められた。一〇～一銭の臨時補助貨幣・五〇銭政府紙幣の発行について規定し、臨時補助貨幣の素材は、政府の裁量で選べるようにした。これ以降、一八九七年の貨幣法に基づく硬貨の製造と発行がなくなる。同法は公布と同時に朝鮮・台湾でも施行された。

臨時補助貨幣の素材は、通貨としての適性に加え、国内または勢力圏内で調達が可能なもの、転用が簡単なもの、などの観点から選ばれた。臨時通貨法公布の年に、初のアルミニウム青銅貨(銅とアルミニウムの合金。一〇銭・五銭)と、江戸幕府の寛永通宝四文黄銅銭以来の黄銅貨(一銭)が発行された。従来の補助貨幣に使われていたニッケルと、青銅に含まれる錫を軍事用にまわすことが目的である。

その後軍事用での銅への需要が増え、銅が不足した。そこで同年中に一銭硬貨の素材が黄銅からアルミニウムに変えられた。日本初のアルミニウム貨である。ただし純アルミニウムは柔らかくて傷がつきやすく、融点が低く偽造しやすいので、通貨の素材として難がある。しかし満州で調達できるという理由などにより採用された。

それでも銅が不足したため、一九四〇年には一〇銭・五銭硬貨の素材がアルミニウム青銅からアルミニウムに変えられた。その後、航空機を増産するためにアルミニウムが求められたため、翌四一年にはアルミニウム貨の質量が減らされた。あわせて、青銅貨・黄銅貨・白銅貨・アルミニウム青銅貨の回収が進められた。この年の末に太平洋戦争が始まる。アルミニウム貨以外の硬貨の回収は開戦後も図られた。

一九四四年にはついにアルミニウム貨も回収の対象となり、代わって初の錫貨（一〇銭・五銭）、錫・亜鉛の合金貨（一銭）が登場する。錫はアルミニウムと同様に柔らかくて融点が低く、通貨の素材に適さない。しかしマレー半島など南方占領地産の錫が戦争のため欧米へ輸出されなくなり、生産が過剰になっていた。そのため消極的に採用された。戦況が悪化すると、南方占領地からの船舶輸送は石油が優先され、錫は後回しになった。結果、同年中に錫貨の製造が止まる。これにより生じた造幣局の遊休施設は砲弾など軍事用物品の製造にあてられた。

金属が不足したため、陶製の通貨（一〇～一銭）の発行が計画された。一九四五年、窯業地である京都・愛知県瀬戸《せと》・佐賀県有田《ありた》で製造されたが、同年の終戦により、発行されず廃

日本銀行券（1943年、縮小）

棄された。

実用性のある素材は通貨に向かない（第1章）が、まさにそのことが、以上のような新素材通貨が登場してはめまぐるしく入れ替わる結果をもたらした。

戦争は紙幣の規格にも影響を与えた。

太平洋戦争開始の翌一九四二年、日本銀行法が公布され、兌換銀行券条例などが廃止された。経済統制のため政府の日銀への統制を強化する、という趣旨である。ナチスドイツの法律をモデルにしている。名実ともに兌換制度は廃止され、正式に管理通貨制度に移行した。

一九四三年、本法による初の銀行券（一〇〜一円）が、翌四四年には一〇〇円券が発行された。本法による銀行券は、法文には「銀行券」、券面には「日本銀行券」とある。厳密な意味での「日本銀行券」の登場である。透かしなど、規格が簡易化されている。印刷局は占領地通貨（後述）などもつくっており、製造能力が不足していたからである。

その一方で、硬貨の素材となる金属が不足したため、代わりに紙幣をあてることが求められた。一九四二年、五〇銭政府紙幣の印刷が簡易化された。また一九四四年、一〇銭・五銭錫貨の製造が停止された代わりに、一〇銭・五銭日銀券が発行された。初の一円未満の日銀券である。これまで小額通貨は政府が発行してきたから、小額紙幣なら政府が発行すればいいように思うが、それは難しかった。五〇銭未満の政府紙幣を発行するには臨時通貨法を改正する必要があったが、その手続きをする時間の余裕がなかったからである。一方、日銀券であれば大臣告示のみで新種の券が発行できたため、日銀券が選ばれた。

以上のように硬貨といい紙幣といい、戦争が現物のありようを左右した。

占領地通貨

満州事変以降、日中戦争・太平洋戦争の時期にかけ、日本はアジア各地を占領した。これら地域では、しばしば傀儡《かいらい》政権と表現される、現地人を登用した協力政府を設立してその統治を日本が主導するか、または軍政を行った。通貨については、協力政府の中央銀行を設立し、日本円と固定リンクした主に「圓」（以下「円」）単位の通貨を発行させ、現地の旧通貨を回収し、日本円の通貨圏に組み込むか、または軍票を用いた。

具体的には、いわゆる満州国では満州中央銀行券（満銀券）、内モンゴルでは当初は察南《さつなん》銀行券、後に蒙彊《もうきょう》銀行券（蒙銀券）、中国北部では当初は冀東《きとう》銀行券、後に中国連合準備銀行券（連銀券）、中国中部では中央儲備《ちょび》銀行券（儲備券）が発行された。中国南部では、香港と海南島《かいなんとう》以外では軍票の発行を停止し、儲備券の普及が図られた。東南アジアなど南方占領地では南方開発金庫券（南発券）が発行された。

中国では通貨戦争、すなわち物資をめぐる通貨の競合が展開した。当地では日本の協力政府の通貨のほか、蔣介石《しょうかいせき》の国民政府の通貨と、中国共産党の通貨が流通していた。各勢力は自身の通貨で物資や労働力などを得ようとする。もし自身の通貨の受け取りを人々が嫌って敵の通貨を好むと、必要なものを得られない。そこで自身の通貨だけを流通させ敵の通貨を駆逐するための通貨戦争が、三つどもえで展開された。例えば日本の場合、相手との境界地域で、相手側にある食糧や綿花などの重要物資を日本側の通貨で買い、相手側へマッチや砂糖などさほど重要でない物資を売りつけ、相手側の通貨を排除しようとした。

通貨戦争の勝敗は、中国現地の商人や庶民が受け取るかどうかが左右した。通貨の日中戦争は、現地の人々の支持があった中国側に有利に展開した。

南方占領地の軍票と南発券は他の占領地通貨と違い、現地通貨単位だった。例えば旧オランダ領東インド（インドネシア）ではギルダー、旧イギリス領マレー・ボルネオではドル、フィリピンではペソだった。これらの地域が「圓」単位を日本や中国のようにもともと使っておらず、また通貨価値も各地で異なっていたので、円単位を無理に導入すると混乱しかねなかったからである。

このように、日本の占領地通貨のあり方は一様でない。発行の目的も、満州では産業開発資金の供給が主だったのに対し、中国や南方では日本軍の物資調達など軍事費が中心だった。占領地通貨の乱発と物資不足のため各地でインフレが起きた。その度合いは日本本土＜朝鮮＜満州＜中国占領地＜南方と、本土から離れるほど激しかった。

なお、先に示した協力政府の中央銀行券や硬貨の一部を日本の印刷局・凸版印刷・造幣局が製造した。製造を受託したことで、印刷局・造幣局の製造能力が不足した。原料の不足、用紙の統制、本土空襲も製造を妨げた。そのため受託高を必ずしも満たせなかった。

終戦後の一九四五年九月、GHQの指示により、日本の軍票と占領地通貨は無価値とされた。満銀・蒙銀・連銀・儲備銀の本土の店舗と朝銀・台銀・南発は閉鎖された。

その後一九九〇年代になり、無価値とされた軍票の補償を求めて、香港の住民が日本の裁判所へ提訴した。裁判所は、軍票が強制的に押しつけられた戦争損害であることは認めたが、国内法・国際条約に補償を認める根拠がないとして、請求を認めなかった。

通貨もまた戦争の手段の一つだった。

戦後のインフレ

一九四五年八月一五日、昭和天皇はポツダム宣言受諾の声明を出し、戦争が事実上終わる。二日後の一七日、初の一〇〇〇円日銀券が発行された。戦争中に高額券への需要を見越して発行が決まっていたが、敗戦までずれこんだ。また、日銀券が増発された。日銀券の発行高は、一九四三年末で約一〇三億円、一九四四年末で約一七七億円、一九四五年八月一五日で約三〇三億円、同年一二月末で約五五四億円である。戦中より終戦の年、とくに終戦後に激増している。未払いの軍事費を政府が一斉に支払ったことが大きな要因である。

復興の過程で、通貨素材の変更と額面の高額化が進んだ。まず、日銀券の増加と物資不足のためインフレになり、小額通貨が不足した。そこで一九四六年に五〇銭黄銅貨が発行された。終戦でいらなくなった武器のスクラップを素材にした。維新後に新政府が大砲を素材に北海道向けの天保通宝をつくったこと（先述）と共通する。

またインフレ対策として同年、金融緊急措置令と日本銀行券預入令が公布された。現行の日銀券（旧円）を金融機関に預けさせ、預けられなかった旧円（五円券以上）の通用を停止し、新規格の日銀券（新円）で払い出すが払出額を制限する、というものである。目的は通貨流通量を減らすことにある。

しかし、日銀券の発行高は一時的には減ったが、同年後半には金融緊急措置を実施する前を上回り、物価高は収まらなかった。商品が不足したことに加え、人々が新円を限度額いっぱいまで引き出し、通貨の流通量を押し上げたことが一因である。加えて翌四七年、復興のための金融機関として復興金融金庫が設立された。復興金融金庫が発行した大量の債券を日銀が取得し、対価として支払う日銀券を発行したことで、通貨量が大幅に増えた。これらが物価高を促した。

一九四八年、一円は、一九三三年の約一／一〇〇の価値になっていた。円・ドルのレートを見ても、太平洋戦争開戦前で一ドル＝四・二五円、占領軍の軍用交換レートが一九四五年九月で一ドル＝一五円、一九四七年で五〇円、一九四八年で二七〇円、一九四九年に設定された固定相場が一ドル＝三六〇円である。これらが示す円の下落率も物価の上がり具合の激しさを反映している。

インフレのため、従来の額面の小額通貨が不要になった。一九四八年、小額紙幣整理法が公布され、一九四六年以前に発行された五〇銭以下の政府紙幣の通用が停止された。

またインフレのため、相対的に高い額面の小額通貨が求められた。一九四八年、五円・一円黄銅貨が発行された。この五円黄銅貨は現行のものと違って孔がないが、二〇一六年現在の日本で有効な最古の硬貨である。これら硬貨の現物の額面表記には「圓」でなく「円」の字が採用された。一九四六年公示の当用漢字表で「円」が採用されたことによる。なお紙幣で「円」字を採用したのは一九五〇年発行の一〇〇〇円券からである。

一九四九年、五円黄銅貨が、一円黄銅貨との見た目の区別と素材の節約のため、円孔をあけたタイプに変更された。質量は三・七五グラム、つまり一匁に設定された。なお現行の五円黄銅貨はこれと同じ規格で、一九五九年に字体が改められたものである。

一九五一年、第二次世界大戦の対日講和条約であるサンフランシスコ平和条約が調印される。一九五三年、一〇円青銅貨の流通が始まった。現行の一〇円青銅貨はこれと同じ規格で、一九五九年に側面のギザをなくしたものである。

一〇円青銅貨が登場するなど補助貨幣が高額化した一方で、極小額面の通貨が整理される。一九五三年公布の「小額通貨の整理及び支払金の端数計算に関する法律」（小額通貨整理法）により、一円以下の硬貨、一円未満の政府紙幣・日銀券の通用と、一円未満の通貨の発行が停止された。物価が上がって銭・厘単位の価格設定がなくなったことと、一九五〇年に始まった朝鮮戦争に伴い非鉄金属の価格が高騰し、補助貨幣が地金にされて売られる恐れが出たことが背景にある。本法により、通用する硬貨は貨幣法が定める本位金貨（五円以上）と、戦後に発行された五円黄銅貨・一〇円青銅貨だけになる。一円単位は日銀券が担った。

本法により、寛永通宝四文黄銅銭（二厘）・同一文青銅銭（一厘）・文久永宝（一・五厘）の通用が停止された。富本銭から数えて約一三〇〇年が経ち、銭現物を使うことが法で認められる時代が終わった。一八七一年の新貨条例で採用された、一／一〇〇円を意味する「銭」は、今も外国為替相場のニュースなどで目にするように、単位として残った。

高度成長による高額化

終戦から一〇年を経て、一九五五年ごろ、一人あたり国民所得が戦前の最高水準にまで回復した。これ以降、単なる復興を越える、高度経済成長が始まる。経済成長に伴い、通貨の素材の変更や高額化がさらに進むことになる。

一九五五年、一円アルミニウム貨と、初の五〇円硬貨である五〇円ニッケル貨が発行された。一円アルミニウム貨は現行のものである。一九五七年には初の一〇〇円硬貨である一〇〇円銀貨が発行された。五〇円といい一〇〇円といい、補助貨幣がまた高額化した。

一〇〇円銀貨の発行に際しては一悶着《ひともんちゃく》があった。印刷局と、三椏《みつまた》（紙幣に使う紙の原料となる木）の生産者は、一〇〇円通貨が紙幣から硬貨へ変わると失業を生むとして、反対した。対して造幣局は、終戦後に人員整理を経験していたので、雇用確保の観点から、製造を熱望していた。

その後も同じ額面一〇〇円の通貨の流通には地域差があった。東京・大阪など大都市では一〇〇円銀貨が普及したが、地方では一〇〇円日銀券が流通し続けた。都市では通貨の使用頻度が高いので耐久性が高い硬貨が好まれ、また自動販売機や硬貨計数機というハードが広まり始めていた。対して地方ではそれらハードが必ずしも普及せず、手での計数も続いていたため、紙幣が使われ続けた。

一九五七年に初の五〇〇〇円日銀券、翌五八年に初の一万円日銀券が発行された。経済成長に伴う取引の高額化に対応するためである。もとは一万円券を先に発行する予定だったが、インフレやおつり不足を懸念するマスコミや世論を踏まえ、五〇〇〇円券が先に発行された。大卒初任給の平均がこのころで一万三〇〇〇～一万五〇〇〇円程度、二〇一五年で約二一万円である。現在の私たちが一万円券に対して持っているイメージ以上に、当時の人々にとってかなりの高額通貨だった。

一九六四年、東海道新幹線が開業し、最初の東京オリンピックが開かれた。一九六七年、一〇〇円・五〇円硬貨の素材が白銅に変えられた。現行の一〇〇円・五〇円白銅貨である。一〇〇円硬貨を銀でなくしたのは、写真フィルムなどの工業原料として銀への需要が増えていたが、銀の生産が世界的に伸び悩み、銀地金の価格が高騰したことによる。記念硬貨を除くと、日本史上の銀貨の供給がこれで終わる。

現在はフィルムカメラの時代でなくなったが、銀に加え金も現在、電子機器の材料など、工業原料としての需要がある。金・銀ともに実用性を持つ時代になったわけである。これまで繰り返し述べたように、実用性がある素材は通貨にあまり適さない。金・銀が通貨の主役に舞い戻ることは当分ないだろう。

なお五〇円ニッケル貨の回収は順調にいかなかった。当時の自動販売機が主に五〇円ニッケル貨対応だったことが理由の一つである。

「まえがき」で述べた一円アルミニウム貨不足の話はおよそこのころのことである。高度経済成長に伴い、物価が上がって一円硬貨それ自体に購買力がほぼなくなり使い勝手が悪くなったので人々が使わず、自然にしまいこまれてしまったことが背景にあった。

「通貨の戦後」の終わり

一九七四年、年あたりの数量ベースで、戦後日本の硬貨製造がピークに達した。これまでの経済成長と、自動販売機や公衆電話の普及などが背景にある。前年の石油危機の影響もあり、この年、戦後初のマイナス成長になり、高度経済成長が終わる。ただしこのころ、一〇〇円硬貨が初めて発行された一九五七年に比べ、消費者物価は約五倍になっていた。そのため、さらに高額の小額通貨が求められた。そこで、東北・上越新幹線が開業した一九八二年、五〇〇円白銅貨が発行された。初の五〇〇円硬貨である。

二〇世紀の終わりには通貨の制度そのものが改められた。国鉄がJRになった一九八七年に新貨幣法が公布され、その施行に伴い貨幣法・臨時通貨法・小額通貨整理法が廃止された。貨幣法の廃止により、建前上も金本位制が廃止された。

一九八九年、平成に改元し、その後不景気の時期を迎える。阪神淡路大震災の二年後の一九九七年、日銀法の全面改正が行われ、日銀券の発行高を制限する規定が廃止された。実は日銀設立以来、発行高を制限する制度はあったのだが、需要の増加に基づきたびたび上限が拡大され、制限外の発行も行われた。規定の廃止に関し日銀は、「銀行券の発行高は経済状況により増減する。実際これまでも最高発行額は銀行券の現実の発行高に追随して変更されてきた。そのため発行額を制限する制度の意義は希薄になった」という趣旨のことを語っている。通貨は需要がつくるという歴史の経験が法に反映された、といえようか。

以上のように、戦時体制のためにつくられた臨時通貨法と日本銀行法が、二〇世紀が終わるころになって廃止・改正された。通貨制度の戦後は案外長く続いた。

二〇〇〇年、沖縄サミットにあわせ、初の二〇〇〇円日銀券が発行された。一〇〇〇円券と五〇〇〇円券の中間であり、便利になるかと思いきや、現在、ほとんど流通していない。

筆者個人としては、自販機などが二〇〇〇円券に対応していなかったので、使い勝手が悪いなあ、と当時思っていた。現在コンビニで働いている知り合いに聞いたところ、二〇〇〇円券を受け取った場合は、一万円券と同じくレジのトレイの下に入れ、そのまま銀行へ直行させる、とのことだった。つまりおつりとして人々の手元に戻り、再び使われる機会がない。二〇〇〇円券が広まらなかったのは、発行当初、小売業者が費用をかけてでも紙幣がもう一種類多く入るレジに換えざるをえないぐらいまで供給が増えなかったから、というところが答えの一つかもしれない。入金には対応したが出金に対応しなかったので二〇〇〇円券が人々の手元にそもそも渡らない、という点で、銀行ATMについても同様のことが指摘されている。ともかく、日本のように政情が安定している国家でも、法で通貨に強制通用力を与えているからといって、社会ですぐに定着するとは限らないことがわかる。

なお同年、五〇〇円硬貨がニッケル黄銅（銅・亜鉛・ニッケルの合金）に変更された。初のニッケル黄銅貨である。二〇〇四年、一万円・五〇〇〇円・一〇〇〇円日銀券が現行のデザインに変わる。これで二〇一六年現在の現行の通貨が出揃《でそろ》う。

戦後の沖縄

占領後、沖縄の通貨は本土と異なる展開を見せた。

一九四五年の占領当初の沖縄でアメリカ軍は物資を無償で配給した。社会で法貨は使われず、物々交換が行われた。主にタバコが価値尺度になった。

アメリカ軍は日本占領にあたり、B型円軍票という、円単位の軍票（通称B円）を使うことを予定していた。一九四六年、アメリカ軍はアメリカ軍票と日本円（新円）を沖縄の法貨にし、旧円・朝銀券・台銀券を回収した（第一次通貨交換）。これにより沖縄での法貨の使用が再開した。アメリカ軍票は日本政府の請願により本土では使われなかったが、沖縄では使われることになったわけである。

同年、アメリカ軍は、奄美《あまみ》諸島・先島諸島を除く沖縄諸島で軍票を回収し、法貨を日本円のみとした（第二次通貨交換）。軍票はアメリカ側の債務であり、日本円のうち額面的に多くを占める日銀券は日銀の債務である。軍票が日本円に交換されることで、アメリカ側の債務を日本側が肩代わりすることになった。

沖縄では物資をアメリカ軍が供給し、本土ほど不足しなかった。インフレになったものの、本土ほどではなく、物価が本土より相対的に安かった。そのため沖縄から商品が密輸され、本土から日本円が流入した。また日本本土や外地からの帰還者が日本円を持ち込んだ。これらのため日本円が増え、結局インフレが進んだ。

インフレ対策としてアメリカ軍は一九四七年、法貨に再びアメリカ軍票を加え、翌四八年、法貨をアメリカ軍票のみとし、日本円を回収した（第三次通貨交換）。沖縄と本土とで通貨が分離し、日本円の流入による通貨供給量の増加がなくなり、インフレが収まった。

一九五〇年、アメリカ軍は一ドル＝アメリカ軍票一二〇円とした。一ドル＝日本円三六〇円だったので、アメリカ軍票一円＝日本円三円となる。つまり本土の円よりアメリカ軍票を高く設定した。沖縄へ商品の輸入を促し、沖縄の人々の生活を安定させ、占領を維持するためだった。

一九五二年、サンフランシスコ平和条約が発効し、国際法上の戦争状態が終わり、沖縄の施政権がアメリカに移された。軍票は本来戦時のものなので、通貨制度の変更が検討された。しかしアメリカ軍票の通用が停止され回収されたのは一九五八年までずれこんだ。軍票が他国の領土で平時に法貨とされたのは世界史上異例である。軍票の通用停止の後はアメリカドルが法貨とされた（第四次通貨交換）。

一九七一年六月、沖縄返還協定が調印され、翌七二年の日本復帰が決まった。ベトナム戦争などに伴いアメリカ経済が悪化していたため、一九七一年八月、ニクソン大統領は金・ドルの兌換を停止するとの声明を出した。これに伴い円が切り上げられた。円高・ドル安は、沖縄の人々が持つドル現物やドル建ての資産の価値を実質的に減らすことになる。また沖縄は生活物資の多くを日本本土から輸入していたので物価が上がりかねない。

そこで日本政府は、同年一〇月に金融機関で所有を確認したドル現金・預金等につき、一ドルあたり三六〇円と復帰時点でのレートとの差額を給付することにした。一般に、ニクソン声明以後の円高化は日本の輸出産業に負担を与えかねないと考えられた、という文脈で語られることが多い。沖縄にとっては輸入が不利になり資産が目減りするという、逆の意味を持った。

一九七二年五月、沖縄は日本に復帰した。日本の通貨法規が適用され、日本円の通用が再開した(第五次通貨交換)。戦後の本土ではまがりなりにも日本円が通用し続けたが、以上述べたように、戦後沖縄の通貨の歴史はまさに紆余曲折があった。

おわりに――これからの通貨

さて二一世紀である。世紀初頭に人口が約一億二八〇〇万人に達したのをピークとして、気候変動や農業生産力に関係なく、減少に転じた。日本では、大災害はあったが今のところ内戦や対外戦争は起こっていない。後世の人はどんな時期だったと語るのだろうか。

二一世紀初頭、硬貨の年あたり発行高と数量ベースでの残高が減る方向に転じた。例えば二〇一一～一三年度の五〇円・五円・一円硬貨の発行高は事実上ゼロだった。

理由は、硬貨への需要が減ったからである。本書でこれまで見たように、歴史上、小額通貨への需要の増減は景気の良し悪しが大きく関わってきた。それに対して二一世紀の場合は、技術的な要因が大きいと考えられている。

一つに、電子マネーの普及がある。WAONなど流通系、ICOCAなど交通系が代表であり、ごく広義にはクレジットカードやデビットカードなども含める場合がある。これらは取引の事前にチャージしたり、取引の事後に預金通貨で決済するなど、あくまで特定の法貨の存在を前提とする、その補助手段である。

マイレージに代表されるポイントサービスも、硬貨や紙幣の節約に寄与している。これは企業が独自に創造した事実上の通貨といえる。ただしこれも特定の法貨の存在を前提とし、それにリンクするものである。

本書ではほとんど触れなかったが、掛取引・手形や、口座振替に類するような、通貨の現物を節約する技術は近代以前からあった。電子マネーなどはその延長にある。日本では欧米に比べ現金決済の比率が高いとよくいわれるが、こと二一世紀に至ってキャッシュレス化が庶民の日常取引でも進んだ。

二〇一〇年代に入り、ビットコインに代表される仮想通貨（暗号通貨とも）が話題にのぼるようになった。これは法貨の代替手段ではなく、政府の管理外で発行されるものである。

電子マネーや仮想通貨の実体は、ICチップに組み込まれたりネット上を行き交う電子的情報である。我々が五感で認識できるのはデータの痕跡《こんせき》だけであり、それに対する信用がこれらを成立させている。モノそのものに実用性がなく通貨以外に使えないという点で、かつての金・銀と案外似ている。

本書の趣旨から見た、これら通貨の歴史的意義の一つは、通貨の素材量の制約を緩和したことである。例えばカード形態のプリペイド式電子マネーはカードそのものの素材は必要だが、チャージするときにカードの素材を追加するわけではない。つまりカードの数量とそれにより取引できる額とは単純な比例関係にない。これにより金銀銅鉱脈の発見・枯渇という地質学的偶然や、旧貨の回収、印刷局・造幣局の製造能力といった制約から解放された。

もう一つが、取引のためのコストの節約である。これもシステムの構築・維持の費用やカード現物の製造原価などがあるので厳密にはゼロでないが、例えば電子マネーを使えばレジ・自販機・改札などの行列が生む時間の損失や、おつりを確認する手間、現金を携帯・輸送するコスト（かさばるし重い）が減った。「小銭いらずでとっても便利♪」という宣伝文句は、小額通貨の使用の節約と小額取引の簡便化という歴史的特徴を的確かつ簡潔に表現している。ビットコインで地球の裏側にいる相手とほぼ即時にほぼ手数料ゼロで取引する、ということもできるようになった。

政府がずっと通貨の発行を管理し独占し続けてきたという歴史認識をもとに、政府や中央銀行の管理外にある仮想通貨は通貨として認めるべきではない、と主張する向きがあった。たしかに、政府は発行益を独占するため、「政府が通貨の発行を独占して管理する」というアピールを社会に対し歴史上続けてきた。しかし政府や中央銀行が通貨の発行をここまで管理するようになったのは、歴史上ごく最近のことである。本書で見たように、歴史はむしろ、民間が創造した通貨を政府が追認し採用する繰り返しでもあった。実際、二〇一六年、仮想通貨を財・サービスの対価に使う決済手段として認める法が日本で成立した。

一方、民間独自の通貨製造・発行であるとして、電子マネーや仮想通貨などを通貨史上の革新と見なす向きもある。これはこれで正しくない。たしかに技術は新しくなったが、民間が独自に通貨を発行することは歴史上しばしばあった。

かつては、一国家一通貨の制度や、さらには国家を越えた統合こそが通貨の理想である、といわれることがあった。しかしこれらも歴史上の通貨システムの一類型に過ぎない。一九七四年にノーベル経済学賞を受賞した経済学者のハイエクは、通貨の発行を国営に限らず自由化して通貨同士で競争させれば、信用の高い通貨が生き残るのでそれを使えばよいと、適者生存的な発想に基づく通貨システムを提案した。現代の世界でも少数ながら一国複数通貨制を採る地域はある。一九九〇年代末からよく話題にのぼった、地域通貨の試みもある。将来、また新たなスタイルの通貨が登場するかもしれない。歴史を知ることは、「現在の通貨が唯一絶対に正しい」という思い込みから、私たちを解放してくれる。

＊

私が生活している広島の街に、造幣局の広島支局があります。占領地通貨を製造する計画のもと、一九四五年に開設され、横川《よこがわ》（現広島市西区）の仮工場で一銭錫亜鉛貨を製造しましたが、原爆により破壊されました。戦後、当初の計画地だった五日市《いつかいち》（現広島市佐伯《さえき》区）に建設され、翌四六年から硬貨の製造を始め、現在に至ります。その前を通る道路は「コイン通り」の愛称がつけられ、一九九〇年にはこの通りの商店街が「コイン通り商店街振興組合」の名で法人化されました。戦時色の濃い設立経緯を持つ支局が、現在は街づくりの一翼を担っています。

未来の通貨が、平和のツールでありますように。

本書は私が研究分担者として参加している研究事業「前近代および近代移行期における貨幣と信用」（ＪＳＰＳ科研費１５Ｈ０３３７０、研究代表者鎮目雅人早稲田大学教授）、「日本における紙幣の発生と展開」（同１６Ｈ０３６５０、研究代表者加藤慶一郎流通科学大学教授）と、「文禄～元和《げんな》期を中心とした近世的銭統合過程の基礎的研究」（同２５７７０２４８、研究代表者高木）による成果です。本書の執筆に際しご助言をいただいたすべての方のお名前を挙げるときりがありませんので、ここでは鎮目氏と加藤氏のお名前のみを記します。とはいえ本書に誤りがあるとすれば、その責任は当然すべて私に帰します。また、編集をご担当いただいた田中正敏氏と、本書執筆にあたり激励をいただき続けた、大学院での指導教官、髙橋昌明神戸大学名誉教授に対し、ここに記して謝意を表します。ありがとうございました。

二〇一六年六月

高木久史

主要参考文献

複数の章にわたるものは、最初に言及した章に置いた

全体に関わるもの

池享（編）『銭貨』青木書店、二〇〇一年
石井寛治ほか（編）『日本経済史』一～六、東京大学出版会、二〇〇〇～一〇年
梅村又次ほか（編）『日本経済史』一～八、岩波書店、一九八八～九〇年
岡本隆司（編）『中国経済史』名古屋大学出版会、二〇一三年
沖縄県文化振興会史料編集室（編）『沖縄県史』各論編三・四、沖縄県教育委員会、二〇一〇・〇五年
加藤隆ほか（編）『金融』（日本史小百科近代）東京堂出版、二〇〇〇年
鬼頭宏『人口から読む日本の歴史』講談社、二〇〇〇年
黒田明伸『貨幣システムの世界史』（増補新版）岩波書店、二〇一四年
作道洋太郎『日本貨幣史概論』（大日本貨幣史別巻）大日本貨幣史刊行会、一九七〇年
桜井英治ほか（編）『流通経済史』（新体系日本史一二）山川出版社、二〇〇二年
杉山伸也『日本経済史』岩波書店、二〇一二年
滝沢武雄『日本の貨幣の歴史』吉川弘文館、一九九六年
滝沢武雄ほか（編）『貨幣』（日本史小百科）東京堂出版、一九九九年
東野治之『貨幣の日本史』朝日新聞社、一九九七年
中西聡（編）『日本経済の歴史』名古屋大学出版会、二〇一三年
長沼孝ほか『北海道の歴史』上、北海道新聞社、二〇一一年

日本銀行調査局（編）『図録日本の貨幣』一～一一、東洋経済新報社、一九七二～七六年
浜野潔ほか『日本経済史一六〇〇―二〇〇〇』慶應義塾大学出版会、二〇〇九年
東恩納寛惇『東恩納寛惇全集』四、第一書房、一九七九年
安冨歩『貨幣の複雑性』創文社、二〇〇〇年
山口和雄『貨幣の語る日本の歴史』そしえて、一九七九年
楊枝嗣朗『歴史の中の貨幣』文眞堂、二〇一二年
利光三津夫『古貨幣七十話』慶應義塾大学出版会、二〇〇二年
歴史学研究会（編）『越境する貨幣』青木書店、一九九九年

第1章

足立啓二『明清中国の経済構造』汲古書院、二〇一二年
飯沼賢司「日本中世に使用された中国銭の謎に挑む」平尾良光ほか（編）『大航海時代の日本と金属交易』思文閣出版、二〇一四年
石井進『中世史を考える』校倉書房、一九九一年
伊藤啓介「鎌倉時代初期における朝廷の貨幣政策」上横手雅敬（編）『鎌倉時代の権力と制度』思文閣出版、二〇〇八年
伊藤啓介「中島圭一氏の『中世貨幣』論と中世前期貨幣史研究」『日本史研究』六二二、二〇一四年
伊藤俊一「省陌法の周辺」『出土銭貨』二二、二〇〇五年
稲吉昭彦「銭貨に封を付けること」『出土銭貨』三一、二〇一二年
井上正夫「大宝年間の銀銭価値と和同開珎の公定価値」『社会経済史学』八一―四、二〇一六年
井原今朝男『中世日本の信用経済と徳政令』吉川弘文館、二〇一五年
今村啓爾『日本古代貨幣の創出』講談社、二〇一五年

江草宣友「古代日本における銭貨と国家」『歴史学研究』八九八、二〇一二年
大田由紀夫「渡来銭と中世の経済」『日本の対外関係』四、吉川弘文館、二〇一〇年
金沢悦男「日本古代における銭貨の特質」『歴史学研究』七五五、二〇〇一年
川戸貴史「中世後期日本の貨幣経済と信用取引」『歴史学研究』九二八、二〇一五年
鬼頭清明「平安初期の銭貨について」土田直鎮先生還暦記念会（編）『奈良平安時代史論集』下、吉川弘文館、一九八四年
黒田明伸「唯'錫'史観」『大航海時代の日本と金属交易』（前掲）、二〇一四年
高銀美「日本金の輸出と宋・元の貿易政策」『日本史研究』六三六、二〇一五年
小葉田淳『日本貨幣流通史』刀江書院、一九六九年
齋藤努『金属が語る日本史』吉川弘文館、二〇一二年
栄原永遠男『日本古代銭貨研究』清文堂出版、二〇一一年
桜井英治「中世史への招待」『岩波講座日本歴史』六、二〇一三年
櫻木晋一『貨幣考古学序説』慶應義塾大学出版会、二〇〇九年
佐々木稔（編著）『鉄と銅の生産の歴史』（増補改訂版）雄山閣、二〇〇九年
嶋谷和彦「出土銭貨の語るもの」小野正敏ほか（編）『モノとココロの資料学』高志書院、二〇〇五年
清水克行「大乗院尋尊の銭貨一覧表について」『出土銭貨』八、一九九七年
鈴木公雄『出土銭貨の研究』東京大学出版会、一九九九年
鈴木公雄（編）『貨幣の地域史』岩波書店、二〇〇七年
鈴木信「北海道の中世出土銭貨」『出土銭貨』一九、二〇〇三年
関周一『中世の唐物と伝来技術』吉川弘文館、二〇一五年
高木久史『日本中世貨幣史論』校倉書房、二〇一〇年
高木久史「醍醐寺僧房玄は銭の夢を見る」『史学研究』二八三、二〇一四年

高木久史「日本中世の手形類の技術的到達点」『社会経済史学』八一―四、二〇一六年
高橋慎一朗『中世都市の力』高志書院、二〇一〇年
高橋照彦「日本古代における新銭の発行契機について」『出土銭貨』三三、二〇一三年
髙橋昌明『平家と六波羅幕府』東京大学出版会、二〇一三年
田中史生『国際交易と古代日本』吉川弘文館、二〇一二年
千枝大志『中近世伊勢神宮地域の貨幣と商業組織』岩田書院、二〇一一年
永井久美男『中世出土銭の分類図版』(新版)高志書院、二〇〇二年
中島楽章「撰銭の世紀」『史学研究』二七七、二〇一二年
中島圭一「室町時代の経済」『日本の時代史』一一、吉川弘文館、二〇〇三年
中島圭一「撰銭再考」『モノとココロの資料学』(前掲)、二〇〇五年
中島圭一「『中世貨幣』成立期における朝廷の渡来銭政策の再検討」『日本史研究』六二二、二〇一四年
中村修也『日本古代商業史の研究』思文閣出版、二〇〇五年
西谷地晴美『日本中世の気候変動と土地所有』校倉書房、二〇一二年
橋本雄「撰銭令と列島内外の銭貨流通」『出土銭貨』九、一九九八年
橋本雄『中華幻想』勉誠出版、二〇一一年
本郷恵子『中世公家政権の研究』東京大学出版会、一九九八年
本多博之『戦国織豊期の貨幣と石高制』吉川弘文館、二〇〇六年
松延康隆「銭と貨幣の観念」『列島の文化史』六、日本エディタースクール出版部、一九八九年
松村恵司『出土銭貨』(日本の美術五一二)至文堂、二〇〇九年
三上喜孝『日本古代の貨幣と社会』吉川弘文館、二〇〇五年
三上喜孝「古代の生産と流通」『岩波講座日本歴史』四、岩波書店、二〇一五年
三宅俊彦『中国の埋められた銭貨』同成社、二〇〇五年

宮澤知之『中国銅銭の世界』佛教大学通信教育部、二〇〇七年
村井章介（編集代表）『日明関係史研究入門』勉誠出版、二〇一五年
村上隆『金・銀・銅の日本史』岩波書店、二〇〇七年
森克己『新編森克己著作集』三、勉誠出版、二〇〇九年
山内晋次『日宋貿易と「硫黄の道」』山川出版社、二〇〇九年
四日市康博『モノから見た海域アジア史』九州大学出版会、二〇〇八年
脇田晴子「物価より見た日明貿易の性格」宮川秀一（編）『日本史における国家と社会』思文閣出版、一九九二年

第2章

池享『日本中近世移行論』同成社、二〇一〇年
池上裕子『日本中近世移行期論』校倉書房、二〇一二年
岩生成一『朱印船貿易史の研究』新版、吉川弘文館、一九八五年
岩橋勝「近世私札と経済発展」『甲南経済学論集』五四—三・四、二〇一四年
浦長瀬隆『中近世日本貨幣流通史』勁草書房、二〇〇一年
大野瑞男『江戸幕府財政史論』吉川弘文館、一九九六年
勝亦貴之「日本近世の貨幣流通に関する試論」『歴史の理論と教育』一一七、二〇〇四年
勝亦貴之「幕府貨幣改鋳と藩・地域」『松山大学論集』二四—四—二、二〇一二年
加藤慶一郎「日本近世の私札」『社会経済史学』八一—四、二〇一六年
河内将芳『落日の豊臣政権』吉川弘文館、二〇一六年
川戸貴史『戦国期の貨幣と経済』吉川弘文館、二〇〇八年
岸本美緒『東アジアの「近世」』（世界史リブレット一三）山川出版社、一九九八年

桐山浩一「一六世紀後半の京都における銀の貨幣化」『ヒストリア』二三九、二〇一三年
黒田和子「糸割符制度の起源についての試論」『歴史評論』六五〇、二〇〇四年
古賀康士「近世初期細川小倉藩の鋳銭事業」『史学雑誌』一二五―一、二〇一六年
小葉田淳『金銀貿易史の研究』法政大学出版局、一九七六年
鹿野嘉昭『藩札の経済学』東洋経済新報社、二〇一一年
水藤真「贈答・饗宴の品々、そして年中行事」『国立歴史民俗博物館研究報告』六六、一九九六年
鈴木敦子『戦国期の流通と地域社会』同成社、二〇一一年
関口かをり・湯川紅美（編）『貨幣・天下統一』日本銀行金融研究所貨幣博物館、二〇一一年
瀬島宏計「近世中期の津山藩銀札」『ヒストリア』一八七、二〇〇三年
高木久史「一六世紀～一七世紀初頭近江の銭使用状況」『日本史研究』六二七、二〇一四年
田中浩司「一六世紀後期の京都大徳寺の帳簿史料からみた金・銀・米・銭の流通と機能」『国立歴史民俗博物館研究報告』一一三、二〇〇四年
谷口一夫『武田軍団を支えた甲州金・湯之奥金山』（シリーズ「遺跡を学ぶ」三九）新泉社、二〇〇七年
田谷博吉『近世銀座の研究』吉川弘文館、一九六三年
千枝大志「中世後期の貨幣と流通」『岩波講座日本歴史』八、岩波書店、二〇一四年
中島楽章「福建ネットワークと豊臣政権」『日本史研究』六一〇、二〇一三年
中野節子『加賀藩の流通経済と城下町金沢』能登印刷出版部、二〇一二年
福井市立郷土歴史博物館（編）『福井藩札と江戸時代の貨幣』福井市立郷土歴史博物館、二〇一一年
藤井譲治「近世貨幣論」『岩波講座日本歴史』一一、岩波書店、二〇一四年
デニス・フリン（秋田茂ほか編）『グローバル化と銀』山川出版社、二〇一〇年
本多博之『天下統一とシルバーラッシュ』吉川弘文館、二〇一五年
峰岸純夫『中世災害・戦乱の社会史』吉川弘文館、二〇〇一年

村井淳志『勘定奉行荻原重秀の生涯』集英社、二〇〇七年
盛本昌広「豊臣期における金銀遣いの浸透過程」『国立歴史民俗博物館研究報告』八三、二〇〇〇年
八百啓介『近世オランダ貿易と鎖国』吉川弘文館、一九九八年
安国良一『日本近世貨幣史の研究』思文閣出版、二〇一六年
山脇悌二郎『長崎の唐人貿易』吉川弘文館、一九六四年
吉原健一郎『江戸の銭と庶民の暮らし』同成社、二〇〇三年
渡辺信夫『渡辺信夫歴史論集』一、清文堂出版、二〇〇二年

第3章

安藤優一郎『大岡越前の構造改革』日本放送出版協会、二〇〇七年
伊藤昭弘『藩財政再考』清文堂出版、二〇一四年
今井典子『近世日本の銅と大坂銅商人』思文閣出版、二〇一五年
岩橋勝「近世貨幣経済のダイナミズム」『社会経済史学』七七―四、二〇一二年
岩橋勝・李紅梅「近世日本中国朝鮮における貨幣経済化比較史試論」『東アジア経済史研究』一、思文閣出版、二〇一〇年
大石慎三郎『享保改革の商業政策』吉川弘文館、一九九八年
加藤慶一郎「近世後期における通貨」『松山大学論集』二四―四―二、二〇一二年
古賀康士「備中地域における銭流通」『岡山地方史研究』九九、二〇〇二年
鎮目雅人「江戸期日本の決済システム」『国民経済雑誌』一九七―五、二〇〇八年
新保博『近世の物価と経済発展』東洋経済新報社、一九七八年
高澤憲治『松平定信』吉川弘文館、二〇一二年
竹田和夫(編)『歴史のなかの金・銀・銅』(アジア遊学一六六)勉誠出版、二〇一三年

田代和生『日朝交易と対馬藩』創文社、二〇〇七年
フランソワ・ティエリー（中島圭一ほか訳）「黎朝（一四二八～一七八九）下のベトナムにおける貨幣流通」『出土銭貨』二九、二〇〇九年
中川すがね『大坂両替商の金融と社会』清文堂出版、二〇〇三年
西里喜行「琉球処分前夜の通貨問題」山本弘文先生還暦記念論集刊行委員会（編）『琉球の歴史と文化』本邦書籍、一九八五年
藤田覚『田沼意次』ミネルヴァ書房、二〇〇七年
藤本隆士『近世匁銭の研究』吉川弘文館、二〇一四年
三宅俊彦「出土銭貨研究の現在」「サハリンの出土銭」『考古学ジャーナル』六二六、二〇一二年
吉川光治『徳川封建経済の貨幣的機構』法政大学出版局、一九九一年

第4章

阿部謙二『日本通貨経済史の研究』紀伊國屋書店、一九七二年
石井寛治『資本主義日本の歴史構造』東京大学出版会、二〇一五年
岩武照彦『近代中国通貨統一史』みすず書房、一九九〇年
植村峻『紙幣肖像の近現代史』吉川弘文館、二〇一五年
小野一一郎『小野一一郎著作集』一・二、ミネルヴァ書房、二〇〇〇年
加藤慶一郎・鎮目雅人「幕末維新期の商品流通と貨幣の使用実態について」『社会経済史学』七九—四、二〇一四
川平成雄『沖縄返還と通貨パニック』吉川弘文館、二〇一五年
小林延人『明治維新期の貨幣経済』東京大学出版会、二〇一五年
小林英夫『日本軍政下のアジア』岩波書店、一九九三年

鎮目雅人『世界恐慌と経済政策』日本経済新聞出版社、二〇〇九年
柴田善雅『占領地通貨金融政策の展開』日本経済評論社、一九九九年
須賀博樹「江戸幕末の貨幣政策と出目獲得政策の破綻」『金融経済研究』二〇、二〇〇三年
鈴木武雄『おかねの話』岩波書店、一九六七年
造幣局一二五年史編集委員会（編）『造幣局一二五年史』大蔵省造幣局、一九九七年
高田倫子「幕末開港期の銅銭密取引」『神戸大学経済学研究年報』五八、二〇一一年
鷲見誠良「近代の貨幣・信用」『流通経済史』（前掲）、二〇〇二年
日本銀行金融研究所（編）『日本銀行の機能と業務』有斐閣、二〇一一年
日本銀行百年史編纂委員会（編）『日本銀行百年史』一〜六、日本銀行、一九八二〜八六年
丹羽邦男『地租改正法の起源』ミネルヴァ書房、一九九五年
根本忠明『銀行ATMの歴史』日本経済評論社、二〇〇八年
藤井典子「幕末期の貨幣供給」『金融研究』三五―二、二〇一六年
三上隆三『円の誕生』講談社、二〇一一年
村上勝彦「植民地」大石嘉一郎（編）『日本産業革命の研究』下、東京大学出版会、一九七五年
茂木陽一「明治初年における藩札発行高の全国数値について」『三重法経』一二一、二〇〇三年
山本有造『日本植民地経済史研究』名古屋大学出版会、一九九二年
山本有造『両から円へ』ミネルヴァ書房、一九九四年
山本有造『「大東亜共栄圏」経済史研究』名古屋大学出版会、二〇一一年
李碩崙『韓国貨幣金融史』白桃書房、二〇〇〇年

おわりに

岡田仁志ほか『仮想通貨』東洋経済新報社、二〇一五年

本書に登場する主な通貨

名称	発行年	主な素材	形態	寸法（約、cm）	質量（約、g）	金含有率（約、%）	銀含有率（約、%）
無文銀銭	660年代？	銀	円形有孔	直径3	10・5		
富本銭	680年代？	銅、アンチモン	円形方孔	直径2・4	4・4		
和同開珎（銅銭）	708	銅、アンチモン→青銅（銅＋錫）	円形方孔	直径2・4	3～4		
皇宋通宝	1039	青銅	円形方孔	直径2・5	3・7		
永楽通宝	1408	青銅	円形方孔	直径2・5	4		
天正大判	1587以前	金、銀	長円形	長径14短径8	165	72	
慶長小判	1601？	金、銀	長円形	長径7・1短径3・7	17・9	84→87	
慶長一分金	1601？	金、銀	長方形	縦1・6横1	4・5	84→87	
慶長丁銀	1601？	銀、銅	ナマコ型	不定	不定		80
寛永通宝一文銅銭	1636	青銅	円形方孔	直径2・5	3・75		
五分山田羽書	1610年？	紙	長方形	縦22・5横4			

名称	発行年	主な素材	形態	寸法（約、cm）	質量（約、g）	金含有率（約、%）	銀含有率（約、%）
八匁福井藩札	1662	紙	長方形	縦14・2横4			
元禄小判	1695	金、銀	長円形	長径7・4短径4	17・9	57	
元禄丁銀	1695	銀、銅	ナマコ型	不定	不定		64
宝永丁銀	1706	銀、銅	ナマコ型	不定	不定		50
宝永小判	1710	金、銀	長円形	長径6短径3・3	9・4	84	
永字丁銀	1710	銀、銅	ナマコ型	不定	不定		40
三ツ宝丁銀	1710	銀、銅	ナマコ型	不定	不定		32
四ツ宝丁銀	1711	銀、銅	ナマコ型	不定	不定		20
正徳小判	1714	金、銀	長円形	長径7短径3・9	17・9	84↓87	
正徳丁銀	1714	銀、銅	ナマコ型	不定	不定		80
元文小判	1736	金、銀	長円形	長径6・8短径3・6	13・1	66	
元文丁銀	1736	銀、銅	ナマコ型	不定	不定		46
寛永通宝一文鉄銭	1739	鉄	円形方孔	直径2・5	3		
明和五匁銀	1765	銀、銅	長方形	縦4・5横2・3	18・8		46
寛永通宝四文黄銅銭	1768	黄銅（銅＋亜鉛）	円形方孔	直径2・7	4・9		
明和二朱銀	1772	銀	長方形	縦2・7横1・5	10		98
文政二分金	1818	金、銀	長方形	縦2・4横1・4	6・6	56↓49	
文政小判	1819	金、銀	長円形	長径6・4短径3・3	13・1	56	
文政丁銀	1820	銀、銅	ナマコ型	不定	不定		36

本書に登場する主な通貨

文政二朱銀	1824	銀	長方形	縦2・3横1・4	7・5		98
文政一朱金	1824	金、銀	正方形	一辺1・1	1・4	12	
メキシコドル銀貨(洋銀)	1824	銀	円形	直径3・8	27		90
文政一朱銀	1829	銀	長方形	縦1・7横1	2・6		99
天保二朱金	1832	金、銀	長方形	縦1・4横0・8	1・6	29	
天保通宝	1835	青銅	長円形方孔	長径4・9短径3・2	20・6		
天保小判	1837	金、銀	長円形	縦5・9横3・2	11・3	57	
天保丁銀	1837	銀、銅	ナマコ型	不定			26
天保一分銀	1837	銀	長方形	縦2・3横1・5	8・6		99
嘉永一朱銀	1854	銀	長方形	縦1・5横0・9	1・9		99
安政二分金	1856	金、銀	長方形	縦2・3横1・4	5・6	20	
安政小判	1859	金、銀	長円形	長径5・6短径3	9	57	
安政二朱銀	1859	銀	長方形	縦2・8横1・7	13・5		85
安政一分銀	1859	銀	長方形	縦2・4横1・7	8・6		87
安政丁銀	1859	銀、銅	ナマコ型	不定	不定		13
万延小判	1860	金、銀	長円形	長径3・6短径2・1	3・3	57	
万延二分金	1860	金、銀	長方形	縦2・0横1・2	3	22	
寛永通宝四文鉄銭	1860	鉄	円形方孔	直径2・7	4・9		
文久永宝	1863	青銅	円形方孔	直径2・7	3・4		
一〇両太政官金札	1868	紙	長方形	縦15・9横6・8			

名称	発行年	主な素材	形態	寸法（約、cm）	質量（約、g）	金含有率（約、%）	銀含有率（約、%）
一円金貨	1871	金	円形	直径1・4	1・7	90	
一円銀貨	1871	銀	円形	直径3・8	27		90
一円大蔵省兌換証券	1871	紙	長方形	縦9・8横4・7			
一円新紙幣	1872	紙	長方形	縦11・3横7・1			
横浜為替会社洋銀一〇ドル券	1872	紙	長方形	縦12・5横20・5			
一〇円国立銀行券	1873	紙	長方形	縦8横19			
一厘銅貨	1874	銅	円形	直径1・6	0・9		
一〇円兌換銀行券	1885	紙	長方形	縦9・3横15・6			
五銭白銅貨	1888	白銅（銅＋ニッケル）	円形	直径2・1	4・7		
五円金貨	1897	金	円形	直径1・7	4・2	90	
一〇銭ニッケル貨	1933	ニッケル	円形円孔	直径2・2	4		
一〇銭アルミニウム青銅貨	1938	アルミニウム青銅（銅＋アルミニウム）	円形	直径2・2	4		
一銭アルミニウム貨	1938	アルミニウム	円形	直径1・75	0・9		

本書に登場する主な通貨

五円日本銀行券	1943	紙	長方形	縦7・6横13・2			
一〇銭錫貨	1944	錫	円形円孔	直径1・9	2・4		
一銭錫亜鉛貨	1944	錫、亜鉛	円形	直径1・5	1・3		
一円アルミニウム貨（現行）	1955	アルミニウム	円形	直径2	1		
五円黄銅貨（現行）	1959	黄銅	円形円孔	直径2・2	3・75		
一〇円青銅貨（現行）	1959	青銅	円形	直径2・35	4・5		
一〇〇円白銅貨（現行）	1967	白銅	円形	直径2・26	4・8		
五〇円白銅貨（現行）	1967	白銅	円形円孔	直径2・1	4		
二〇〇〇円日銀券（現行）	2000	紙	長方形	縦7・6横15・4			
五〇〇円ニッケル黄銅貨（現行）	2000	ニッケル黄銅（銅＋亜鉛＋ニッケル）	円形	直径2・65	7		
一〇〇〇円日銀券（現行）	2004	紙	長方形	縦7・6横15			
五〇〇〇円日銀券（現行）	2004	紙	長方形	縦7・6横15・6			

名称	発行年	主な素材	形態	寸法（約、cm）	質量（約、g）	金含有率（約、%）	銀含有率（約、%）
一〇〇〇〇円日銀券（現行）	2004	紙	長方形	縦7・6横16			

図版出典一覧（数字は掲載ページ）

奈良文化財研究所

無文銀銭（8）、富本銭（10）

日本銀行金融研究所貨幣博物館

和同開珎（銅銭）（13）、皇宋通宝（25）、模造銭（40）、緡銭（48）、永楽通宝（50）、蛭藻金（66）、天正大判（68）、博多御公用銀（86）、慶長小判（91）、慶長一分金（91）、切断された慶長丁銀（92）、寛永通宝一文銅銭（101）、山田羽書（113）、福井藩札（116）、明和五匁銀（137）、明和二朱銀（139）、寛永通宝四文黄銅銭（142）、天保通宝（153）、天保一分銀（153）、改三分定洋銀（171）、万延二分金（174）、太政官金札（182）、横浜為替会社紙幣（洋銀券）（184）、一円金貨（188）、一円銀貨（188）、一厘銅貨（188）、新紙幣（195）、国立銀行券（199）、兌換銀行券（203）、日本銀行券（224）

堺市文化財課

無文銭（63）

高木久史（たかぎ・ひさし）

1973年，大阪府生まれ．96年，神戸大学文学部卒業．神戸大学大学院文学研究科，同大学院文化学研究科を経て，2000年，織田町歴史資料館（05年，越前町織田文化歴史館と改称）学芸員．05年，博士（学術，神戸大学）．08年，安田女子大学文学部講師，14年より同准教授．

著書『日本中世貨幣史論』（校倉書房，2010年）
『新時代の博物館学』（共著，芙蓉書房出版，2012年）
『富裕と貧困（生活と文化の歴史学３）』（共著，竹林舎，2013年）ほか

通貨《つうか》の日本史《にほんし》
中公新書 *2389*

2016年８月25日発行

著　者　高木久史
発行者　大橋善光

本文印刷　三晃印刷
カバー印刷　大熊整美堂
製　本　小泉製本

発行所　中央公論新社
〒100-8152
東京都千代田区大手町 1-7-1
電話　販売 03-5299-1730
　　　編集 03-5299-1830
URL http://www.chuko.co.jp/

Published by CHUOKORON-SHINSHA, INC.
Printed in Japan　ISBN978-4-12-102389-6 C1221

中公新書刊行のことば

一九六二年一一月

いまからちょうど五世紀まえ、グーテンベルクが近代印刷術を発明したとき、書物の大量生産は潜在的可能性を獲得し、いまからちょうど一世紀まえ、世界のおもな文明国で義務教育制度が採用されたとき、書物の大量需要の潜在性が形成された。この二つの潜在性がはげしく現実化したのが現代である。

いまや、書物によって視野を拡大し、変りゆく世界に豊かに対応しようとする強い要求を私たちは抑えることができない。この要求にこたえる義務を、今日の書物は背負っている。だが、その義務は、たんに専門的知識の通俗化をはかることによって果たされるものでもなく、通俗的好奇心にうったえて、いたずらに発行部数の巨大さを誇ることによって果たされるものでもない。現代を真摯に生きようとする読者に、真に知るに価いする知識だけを選びだして提供すること、これが中公新書の最大の目標である。

私たちは、知識として錯覚しているものによってしばしば動かされ、裏切られる。私たちは、作為によってあたえられた知識のうえに生きることがあまりに多く、ゆるぎない事実を通して思索することがあまりにすくない。中公新書が、その一貫した特色として自らに課すものは、この事実のみの持つ無条件の説得力を発揮させることである。現代にあらたな意味を投げかけるべく待機している過去の歴史的事実もまた、中公新書によって数多く発掘されるであろう。

中公新書は、現代を自らの眼で見つめようとする、逞しい知的な読者の活力となることを欲している。

中公新書

日本史

d4

2107 近現代日本を史料で読む 御厨 貴編
190 大久保利通 毛利敏彦
1849 明治天皇 笠原英彦
2011 皇族 小田部雄次
1836 華族 小田部雄次
2379 元老―真の指導者たち 伊藤之雄
840 江藤新平（増訂版） 毛利敏彦
2051 伊藤博文 瀧井一博
2103 谷 干城 小林和幸
2212 近代日本の官僚 清水唯一朗
2294 明治維新と幕臣 門松秀樹
561 明治六年政変 毛利敏彦
1316 戊辰戦争から西南戦争へ 小島慶三
1927 西南戦争 小川原正道
1584 東北―つくられた異境 河西英通
2320 沖縄の殿様 高橋義夫
252 ある明治人の記録 石光真人編著
161 秩父事件 井上幸治
2270 日清戦争 大谷 正
1792 日露戦争史 横手慎二
2141 小村寿太郎 片山慶隆
2210 黄禍論と日本人 飯倉 章
2162 桂 太郎 千葉 功
881 後藤新平 北岡伸一
2321 道路の日本史 武部健一
2269 日本鉄道史 幕末・明治篇 老川慶喜
2358 日本鉄道史 大正・昭和戦前篇 老川慶喜
2312 鉄道技術の日本史 小島英俊
2389 通貨の日本史 高木久史